JN078313

家事をしつつ、自閉症児と親介護を考える①②

2005年12月～2010年3月

（息子特殊学級高学年～特別支援級中学卒業まで）

Kisaragi

この本を手に取っていただいた皆様へ

　この本は、2005年12月から2023年1月までの東京郊外に住む一主婦のASD（自閉症スペクトラム障害）息子と年子妹を抱えながらの日々の生活の記録の一部です。現在20代後半になったASD息子は、小学1年生から3年生の1学期まで通常級しかない学校へ在籍していましたが、教室内に母親が張り付いているのも諸事情で限界があり、特殊学級がある学校へ転校しました。

　特殊学級（2005年に特別支援学級と名前変更）に行けば当時ちまたで言われ始めていた「特別支援教育」が受けられて本人が満足できる環境が望めると思ったのですが、そうは上手くいかなかったというのをほぼノンフィクションで綴っています。

　18年も何だかんだと続けてきたのは、ただ日記代わりというか「どうしてこうなる？」の日々の連続を記録として残しておきたかったからです。「ワタシって可哀想でしょ？」とか言いたい訳ではありません。だってそう主張すれば「あなたより大変な人はもっといる」と返されるのがオチですから。

　書籍化しようと思ったのは、
◉もしワタシが死んだら、残った家族はこのブログのことなど何とも考えていないから、このままインターネットの海の中にプカプカ浮いてしまうんだろうなと考えたら、なんかシャ

クにさわったからです。ですからこれはある意味「遺書」みたいなものです。

● 自分の息子が1歳半検診で引っかかって別室へ呼ばれて保育園から学校時代まで「こんな子見たことない」と常々言われ続けてきたのに、今になって「実は発達障害はこんなにいました〜！」とばかりに〈大人の発達障害／グレーゾーン〉とか大量出没して、正直「そんな筈ない！」という思いがふつふつと沸いてきてしまったからです。散々息子の存在を馬鹿にしてマウントを取っていたくせに、急に「実は自分は発達障害でした」なんて言われるとどういう訳か腹が立ってしまうのです。更にここ最近の産み落とした赤子を無かったことにしようとする事件などを見聞きすると、「何を家庭で、学校で教わってきたのかな？」と首をかしげてしまいます。

● 自分が当時このブログで密かに危機感を持っていた事象が現在、息子と同世代に湧きおこっているように感じてしまいました。引きこもり問題や、親の介護に疲弊して不幸な事件になってしまうなどと見聞きすると、「まったく今さら大騒ぎして。今まで何していたんだよ？」と文句を言いたくなったのです。

目　次

概要①

　小学3年生2学期（2003年）より、通常級のみの小学校から、特殊学級のある小学校に転校した自閉症息子。「特殊学級で息子さんの特性に合わせた教育をしてもらえば、大丈夫ですよ」と言われて転校したのだが、さてその特殊学級では自閉症息子はどのような教育をされてきたのか？

1994年 ……………（息子誕生）

2001年 ……………『特別支援教育』という言葉が出てくる。（息子当時7歳）

2004年8月 …………中央教育審議会「特別支援教育推進に伴う制度の在り方について」中間まとめ

2006年3月 …………学校教育法施行規則の一部改正

2006年6月15日 …学校教育法等の一部を改正する法律案可決・成立

2007年4月 …………特別支援教育正式実施（息子13歳）

　　　　　　参照：特別支援教育の始まりについて

　同時に、筆者の親が60～70代になってから急速に老化してきて何かというと実家からお呼び出しがかかる。いつの間にか〈実家の両親の介護沼〉に引きずり込まれていた…。

特殊学級のクリスマス会と、
水ぼうそうのコラボ（小5）

　今日は自閉症息子が在籍する特殊学級で〈親もいっしょに参加のクリスマス会〉があって朝〜給食前まで一緒に活動したのだが、この息子、母親が朝から自分の学級にいるのと、クリスマス会が余程嬉しかったのか、かなり気がたかぶり、騒ぐのなんのって。よく小さい子供が興奮するのはわかるけど（お前、もう大きいだろうに）息子より年下の児童が冷静なんだもん。だから、この息子にイベント事をぶつけるのは親としてはハラハラものなんだよな〜と眉間に皺が寄ってしまった。プレゼント交換でも「ボクは電車がいいのよ。これはヤダ」とバカ正直に言いやがって！

　午後は用事があったためホウホウの体（テイ）でハイパー息子から逃れて、学校のお迎えは民間に頼んだ。実は昨日、年子妹（近所の通常級のみの小学校に在籍）が熱を出したので、病院に行ってインフルエンザ検査までして「単なる風邪でしょう」でどうにかこうにかその日中に回復させた。その結果が〈ハイパー息子のクリスマス発表会〉かい！　と少々ゲンナリしていた。しかしさ〜、ゲンナリが唖然という状態に今日の夜になってしまった！　娘が「お風呂昨日入ってないから、体にあせもができて痒い。お風呂入っていい？」と言って入浴後出てきたら「背

中にもできてる」と訴えたので見てみたら──えっ!「わー!　こ、これは!　み、水ぼうそうだー!」インフルエンザでも、ノロウィルスでもない、これはまさしく水ぼうそう!　昨日、胸に聴診器当てるときには発疹なんてなかったのに!　今頃こんなのにかかるなんて!　娘の発疹ブツブツを唖然として眺めて「なんてこった!!」と呻いてしまった。

　自閉症息子は保育園時代に水ぼうそうに罹ったが、そのとき妹は発症していなかった。でも誰かが「症状が見えていなくても、もう感染してんじゃない?」なんて言っていたので、つい鵜呑みにしてしまって、あえてそのとき予防接種しなかったのだが、「風邪だと思っていたから、今日学校に出しちゃったよ〜。どーしよー他の子に感染していたら〜。どちらにしろ今週はもう学校は行けまい。明日担任に説明しなくては〜。皆驚くするだろうな〜。それにしても参ったなー。また混んでる病院に行くのか」と頭の中グルグル状態〜。ゲンナリ⇒唖然⇒トホホの師走。

2005・12・29（木）
老いたる母…

　元々は、自閉症息子がこう言い出したのがきっかけだった。「年末になると大掃除するの?　ボクする」息子は確か低学年（通常級在籍時）の頃は掃除とは何たるものか理解できず、学校の掃除の時間に暴れてクラス中の顰蹙（ヒンシュク）を買ってい

た。だがこういう子たちは〈パターンを飲み込む〉〈習慣化する〉〈形から覚える〉ことをすれば慣れてきて、段々と掃除を嫌がらずにやるようになるもんだ。あのとき何もできない子と非難されていたが、どうよ！　と当時の関係者にいばりたくなる。これが発達というものだ。

　年末の掃除──そこでワタシ（母）は考えた。3LDKマンションの我が家よりも、もっと掃除のしがいのある場所があそこにあるではないかとね。あそことはワタシの実家である。先月、具合が悪くなった実家の母親を訪ねてみたら、余りの家の乱雑さに「なんじゃこりゃ～！」と喚いてしまったことがあった。あれから約1ヶ月。やはり余り調子が出ない母の様子から多分また家の中汚れているんだろうな～と推測した。「ネコのオジイチャン家（実家のことをそう名称）に行って掃除をすれば、お小遣いもらえるよ」と子供たちに告げたら「行く、行く!!」とたいそう喜んだ。お金に目がくらんだねえ。まあそのあり余る若い力を年寄りに分けてあげたまえ。

　という訳で、12月26日朝から母子3人で実家に行ってみたのだが、案の定「あ～あ～」状態だった。「掃除のしがいがあり過ぎる！」しかし全部は網羅できまい、目立つ所だけ、それも子供ができる場所をチョイスして仕事に取り掛からせた。…父がワタシに囁いた。「どうだ？　やっぱ以前とは母の様子違うだろ？」「う～ん、年とったせいじゃないの？　加齢現象だよ」と返したが、11月の時点では認めなくなかったことを自覚せざるを得なかった。年取ったというよりも、母は衰えて

きたのだ。まだ70歳になったばかりなのに「気力・知力・体力」がかなり減少している。

　父に「日中、家の中では何しているの？」と聞いたら「やたら寝ている」と言うではないか。おしゃれして外出して、カラオケで歌いまくって、社交ダンスで目立って、温泉旅行にやたら行きまくっていたのはついこの間ではなかったか？　あんなに「家にこもってないで、外出して楽しいこと見つけるのよ！」って感じでシルバーエイジの青春を謳歌していたはずではないのか？　彼女自身が若かりし頃は「秀才／才女」と誉れ高かったし、その後教育熱心な母となり子供の勉強を教えるとき、こちらを恐怖に陥らせていたあの完璧な自信たっぷりさはもう無くなってしまったのか？

　子供の掃除への情熱は2時間くらいで途絶えてしまった。昼食後はもう使い物にならなくなって、その若い無駄なエネルギーに年寄りが困惑しだしたので、ワタシは超特急で溜まった汚れた食器を片付けて実家を出た。お約束どおり子供は祖父母からおこづかいをもらって狂喜していた。

　以前「赤の他人に家事援助を頼むのは嫌だ」と言っていた母。だが自分たち老夫婦だけで家事をすべて担うことはできなくなりつつある。

つくづく自閉症児の親だと感じる日

　４月に入って、お子様２人の学校生活にかなりの変化があった。兄は担任がニューフェイスのフレッシュで（転任したばかり１名と新任１名）、妹のほうはクラス替えと共にこちらも転任したばかりの担任ときたもんだ。担任の先生と今後１年間連携を取るためには、まず〈過去のその先生についてのプロファイリング〉で色々分析と傾向と対策を（親の）頭の中でカチャカチャ組み立てなければならないのだが、その過去データが皆無というのは…ちと困ったもんだった。加えて、学校からこの時期はやたらめったら〈お知らせプリント〉が配られる。どれが重要でそうでないか、吟味するのも面倒くさい。

　でもって、新学期早々兄のほうで春の遠足ときたもんだ。最初「河口湖」と言っていたのに「実は西湖でした〜」とワタシの許しも得ずに（？）変更したもんだから、〈知らない、慣れていない場所に不安を感じる自閉症息子〉（本番前に実地を視察することをモットーとする）を２週間に２回かけて、そちらの方面（遠足場所）に連れて行った。

　さすがに自分たち（親）のお人よしに辟易して「もういいよ、当日遠足休めよ」（事前チェックのために連れて行くのが面倒くさい）と言っても、「ヤダ。遠足行くの。でもその前にここのナンタラカンタラを調べないと…」と頑として譲らない。「前（といっても数年前）、ここ（西湖近辺）に連れて行ったよ」「憶えていない」

憶えていろよ！　お前の記憶の引き出しの奥にしまっているは
ずだろーに！　だーめだ！　記憶を呼び戻すグッズ（写真とか・
当時のパンフとか）を見せない限り、彼にとっては未知の場所に
なってしまうんだ。こまめに整理をしていないとこーゆー目に
遭うのであるな。でもグッズがあったとしても、それですんな
り彼が納得したのかは？だ。そもそも、子供が幼児のときに行っ
た旅行先なんぞ大抵忘れ去られるのがこの世の定めであろう。
（だからワタシは、子供が赤ちゃんの頃、わざわざ混んでいるレジャー施
設に連れて行くのは嫌いだった。ア、全然関係ない話でスミマセン）

　遠足当日、息子はたっぷりのオニギリとサンドイッチを持っ
て、西湖を堪能したそうだ。帰りに遠足に付き添った学級の先
生に、「お弁当の量多すぎ」とやんわり注意されたが、「いいじゃ
ないか、それくらい。メニューは本人が決めていたんだから。
ここまで持ってくるのに（気持ちよく本人を遠足に送り出す）のに、
親は相当苦労したんだから」

年子妹の小学校の PTA の役員になった

　先週からノド風邪になって、それがなかなか抜けない。うが
いをすると、余計せき込む。薬を飲むとやたら眠い。眠いと何
も手がつかない。でも飲まないとノドが痛い。気合が入らない。

なんて、ダラダラしていられるのも今のうちかもしれない。というのは、今年度年子の妹のほうの小学校（通常級しかない）でPTAの本部に入ってしまったのだ。いや最初はクラスの広報委員だったのだが、「1人本部へ入ってください」とかいう話で、「本部のほうが、顔見知りが多いからそっちでもいいか」と安易に考えたのだがね。

　知り合いのお母さんにやたら偉いと言われるが、「本部の書記だと会議のたびに記録を残して報告しないといけないのは大変だ」と言われると〈子供（発達障害関連）の勉強会で講師の話を必死に書き写していたときもあった自分〉としては、「まあ慣れているからさ」と簡単に思ってしまう。また「しょっちゅう学校へ出向かなければいけないから大変だ」と言われると、「自分の子供のためだけに学校へ出向いて、子供のそばに張り付いて一緒に授業を受けていたときもあった自分からすれば、学校行事の名目で行くほうがどんなに気が楽か！」てなところだ。

　小1のときは別室で待機させられて、クラスメイトに「何でここにいるの？」と質問されて、小2のときは学校内で待たなくてもいい代わりに、迎えに行くと担任に色々言われて、小3は…小3はねえ、他のお母さんに「私だって子供のために学校へ出向きたい。でもできないんだ」なんて責められたり（悪いことをしていたらしい）、学生ボラを自費で頼んだのに、その人をクラスメイトが気に入っちゃうし、あの居心地の悪さ！

　「こんなの間違っている」という思いで毎日学校へ息子と行くのに体がすご〜く重かった。それに比べれば、PTAなんぞ学

校へ行くまでの自転車のペダルも軽いわい。

「こんなの間違っている」という思いと、「息子以外にも、もう少し手をかけてあげるべき児童がいるのではないですか？」と当時の小学校の校長に相談したことがあった。「児童数の減少に伴って空き教室があるのだから、そこに週1回放課後ででもいいから、不登校の子／勉強が遅れがちな子とかのサポートができないのですか？」と問うたら、即座に「できません！」と強く返された。「こんなもんさ、通常級の（特別支援教育についての）認識なんて」…と顔を引きつらせた約3年前の冬。

2006・06・12（月）

息子が小学校の移動教室に行った
が、しょっぱなからヤバイ

　春休みに下見に行っていた長野県某方面に、今日から息子は〈移動教室〉に出かけた。しかしながらもうここ数週間、自閉症息子の〈移動教室〉についての瑣末なこだわりにいちいち対処しまくって、親のメンタルは大変だった。瑣末なこだわりって、

①「ここにはまだ行っていない」（未知の所についての不安）

②3日間の長野県のお天気について（天気のチェックは欠かせない）

③家にいない間のTV番組の録画についてクドクド。「我が家のDVDプレーヤーはダブル録画ができない！　ビデオテープが必要、買ってきて！」（いつも見ているTVが見られないとい

うことへの対応策）

④３日間の水筒の中身について（自分のチェックが入らないことに
　理不尽を感じるらしい）

⑤今日のお弁当の中身について（メニューをあらかじめ決めなけれ
　ば気が済まない）

　まだあったと思うが、ああもう思い出したくない！（そんな
大したことないことにこだわるんじゃない！）と言いたい衝動をなる
べく抑えて「そうよ、これこそ自閉症スペクトラムの特性じゃ
んよ！」とどうにか自分の中の理性をかき集めて息子のクドク
ドに付き合っていた。今朝は、誰が息子を学校まで送り届ける
かまで綿密な打ち合わせをして（両親が送り届けるのもヘンだ。妹
はどうすんだ？）「親としてやれることはもうやった。布団のシー
ツのかけ方まで絵で説明してラミネート加工してやったんだ
し」とバスを眺めながら心の中で深い溜め息をついていた。

　帰宅して娘が学校へ行った後、布団にドッと倒れこみ数時間
動けなかった。つまり、かなり神経をすり減らしていたのだと
思っていただきたい。息子のクドクドこだわりから解放された
ワタシは、午後気だるくお昼ドラマを観ていてふと外を眺めて
いたのだが、「なんだよ、今日思ったより気温が上がらないジャ
ンか！」と今朝の息子の服装について不安が湧いてきた。

　息子の話す内容に注意が向きがちだったので、気温と服装の
チェックが完全ではなかった！　今朝の段階で軽くはおるパー
カーを着せておけばよかったわい！　息子がTVニュースでお
天気チェックをした際「長野県の気温は27℃」を鵜呑みにし
てしまった！　そりゃあ一応リュックにトレーナーは入れてお

いたが、付き添いの先生方は息子1人の服装まで気が回るだろうか？　大勢のお子様集団を引き連れて行くのに必死だから、1人の子供の服装における体感調整なんぞ「その子自身の自己責任」とみなすのではなかろうか？　しかしあいつは、自己判断して服装調整できるのかいまいち不安だ（マア、ワタシってよっぽど自分の子を信用していないのね！）。

　つい小学校に電話をしたが、「だ〜か〜ら〜、息子のこだわりにいちいち付き合っているとこういうポカが後から出てくるんだよ〜！」と少々歯軋りをしている。それほど、息子の特別行事について回るこだわりパワーの威力がすごかったということで…。

2006・06・12（月）

なぜ、ここまで親がベストを
尽くさなければならないのか？

　オットは平日は仕事が多忙なためほとんど当てにならないので、息子の毎日のクドクドにはワタシ1人で対処し向き合ってきたので、メンタルが参っていた。その合間にも〈妹の小学校のPTAの仕事〉とその他諸々何かと用事はあって、主婦もそれなりに忙しい。

　しかしながら〈なぜ、息子の学校特別行事にここまで親がベストを尽くさなければいけないのか？〉だ。答えは明瞭、〈息子が所属する特殊学級での学校特別行事についてのフォロー

（特別支援）が全然足りない！〉からだ。連絡帳にいくら「息子がこの学級（特殊学級）にいるということは、きめ細かい指導・丁寧な対応が通常学級よりも必要なのだから、移動教室で息子が困っている事柄については、特殊学級側で対応をどうかよろしくお願いします」と書いても、返事と対応はつれなかった。返事は「通常級との合同の勉強会でも、大変楽しそうでした」。対応は「しおりの読み合わせをしました。地図も作りました」（だけかい！）だった。〈通常級とまるっきり同じ内容〉だと不安になるから、息子が家でクドクドこだわりを発生させていたのに！　なぜ、学校側が自分たちが行う特別行事について息子にベストを尽くしてくれないのか？　親がここまで丁寧な対応をしなければならないなんてヘンだよ。通常級ならまだしも、特殊学級じゃないか？…実は前々から感じていた〈学校側のとある考え〉が先週明確に見えてきてしまった。詳細については、次に…。

2006・06・13（火）

なぜ・ここ・親・ベス…
お父さんヴァージョン

　今日もオットは帰りが遅かったが、帰る早々「なんで息子にパーカー着せなかったんだ！」とかその他少々非難めいた言葉をワタシにぶつけた。実はオットも移動教室直前に息子のクドクドこだわりに振り回されていた。

通常級との合同説明会が、６月になってからやっとあった。「もう少し、早く情報をくれませんか？」と５月のとき担任に問いただしたが「合同説明会がありますから」とつれなかった。この段階でもう少し自分から積極的に動くべきだったのかもしれないが、後悔先に立たずだ。６月になってから移動教室のしおりが本人（息子）の手元に来てから、息子は「ここはまだ行っていません。探検しましょう」とこだわりまくった。「春の旅行のとき、近くを通ったよ」といくら説明しても無駄だった。ビジュアルでの記憶がないと近所を通ったという事実も通用しないらしい。担任に「本人が不安がっているからフォロー頼みます」と連絡帳に書いても「学校ではそんなこと（不安がっている）ありません」と無視されてしまった。

　オットは余りにもうるさい息子のこだわりに根負けして、もう１回息子を連れて移動教室のチェックポイント方面へにドライブに行った。ワタシは「本番までもうすぐなんだから。もういいじゃない。会社の仕事で疲れているのに」と反対したが、オットは「ずっとグダグダ耳元で言われるより手っ取り早く連れて行ってしまったほうがまだマシだ。もうお前は余計なこと言うな！」とものすごくキレてしまった。〈息子の学校の移動教室という特別行事〉のせいで、夫婦の間に亀裂が生じた。

　「なぜここまで親が…」とか「お前（息子）、いくら何でも…」と悩んでいたのだが、よくよく考えるに、もし学校側が移動教室の情報を事前にビデオとかで観せてくれていたら、息子の未知の場所についての不安＝クドクドこだわりもかなり緩和されていたのではなかろうか？　とハタと気づいた。よくよく思い

返してみると、低学年時の、学童保育での1泊お泊り会のときには、去年の様子やら宿の室内を事前にビデオ上映してくれたし、そのビデオをワタシに特別に貸し出してもくれた。そのときは、息子はなんにも不安を口にしなかったのだ（持っていくお弁当については何か言っていたかもしれないが）。

　自閉症児を担当する教育関係者にお願いしたい。移動教室とかに行く前に、彼らには必ず〈ビジュアル〉（映像なり写真なり）で情報を渡してほしい。彼ら自閉症児者は、新しい情報を得る際に〈視覚優位〉で物事を理解していくのだから、口頭のみとかで済ませないで欲しい。いくら口で未知の場所について説明されても、彼らには〈イマジネーションの障害〉が大なり小なりあるのだから理解し辛いのだ。だ〜か〜ら〜、定型発達児と同じ方法で新しいことを学ばせないで！　って言ってるだろー！　あえて恥ずかしいこと（ある意味過保護だとも受け取られるしな）をここに記してしまったが、これは〈視覚優位で未知の場所の知識を得ている自閉症児を育てている親〉からの警告だ。学校特別行事のせいで、どうして夫婦の仲まで険悪になってしまうんだよ！　まったく参っちゃうよな〜。

恐怖給食

　明日から７月だ。夏だ。夏だからホラーで少しでも寒くなろう！　ってなもんでワタシがこの目で見た恐ろしいとある情景をご紹介しよう。今週、給食の時間に息子の様子を見に行ったところ、「毎日、こんな感じでアイツは給食の時間を過ごしているのかー！」と恐怖で顔が引きつった。そうまるで楳図かずお先生の描く恐怖マンガのように…。

　特殊学級の先生方は、こちら（児童）の事情をよ～くおわかりなのだろうけどそれでも「好き嫌いをなくして、給食は全部食べましょう」という指導をして下さっている。児童もその先生の叱咤激励に報いようと努力をしている。そして、先生方の期待に応えようと頑張ってしまう児童に〈野菜食え食え妖怪〉がとり憑く。〈野菜食え食え妖怪〉が憑いた子供たちは、まだとり憑かれていない子供に、容赦なくこう言いつのる。「○○クン、野菜も食べなさい！」あな恐ろしや給食の時間中、息子は先生からもクラスメイトの子供からも「野菜食え食え」口撃にさらされているのだ。

　多分ワタシの推測だがこれが周りの子が健常児だったらここまで「野菜食え食え」なんて同席の児童に言わないだろう。食べ物以外の話題を出して、楽しい給食タイムを展開できるだろう。しかし、特殊学級の児童はそこまで器用ではないから、自

分の今取り組んでいる課題しか頭にない。目の前の食べ物＝給食を如何に食べられるかの努力で頭が一杯なのだ。そして自分たちと同じ努力をしない人間が許せない。よって給食の時間中、間断なく「どうして給食食べないの？」とあちこちから声がでるわけだ。

　…その無邪気な残酷な何回も繰り返される問い「どうして給食食べないの？」を聞いていれば、息子が相当イライラするのもよ〜くわかった。その様子を離れて見ていたワタシですら、イラついたからな。「お前、うざい！」とその子に言いたかったよ。先生方も「給食を食べる＝GOOD」「給食を食べない＝BAD」というご判断だから、うざい妖怪の呪詛の言葉「野菜食え食え」をそのまんまにしておる。クッ！

　しかしだねえ、あの情景を見ていてつくづく感じたよ。周りの人から「××しなさい！」とやたらめったら言われると、言われれば言われるほど、当人のやる気は失くなるもんだ。そう、親が「勉強しなさい！」と口酸っぱく言っても子供が無視するのと同じように。

　大体だね、特殊学級にいる子供１人１人の味覚の過敏さ（感じ方）が違うのは自明なのだ。更に自閉症児者の感覚の過敏さは、我々一般人の理解の範疇を超えているのだ。それが〈お友達の励ましパワー〉なんかで克服⇒みんな同じように給食が食べられるようになる…筈ないだろ！　彼ら（自閉症児者）の感覚過敏さをバカにしているのかね？　一体いつになったら〈自閉症児者の味覚の過敏性による、食べ物の偏食発生〉を認めてくれるのだろうか？　いい加減に〈わがまま・努力不足〉とかで

括らないでいただきたいものだ。

　余談だが、我が偏食息子様はついこの間行った〈通常級との合同の移動教室〉でのお食事は大層お召し上がりになってクラスメイトに「食事がおいしかったよ」と伝えたら驚かれたそうだ。〈移動教室でのお食事〉と〈学校給食〉の何が違うか？考えてもらいたいものよ。ありとあらゆるものが違うんだろうね～。

2006・07・01（土）
恐怖教室…
エアコンつかずの間（前編）

　さて今回も学校の怪談第2弾！〈恐怖教室～エアコンつかずの間〉…でも多分これを読んだら、暑苦しさを感じる涼しくならない実話。

　先週のとある日、ワタシは朝も早くから妹の学校へ行っていた。そしてPTAの仕事と、学校公開中だったから時間があれば校内をあっちいったりこっちいったりしていた。その日は蒸し暑かった。そりゃあ窓を開ければ生ぬるい風も入るし各教室には天井に大型扇風機があって動いていたが、それでも暑いものはアツかった。扇風機がない音楽室で爽やかに児童が歌をうたっても、その様子を見るために後ろで立っているだけでダラ

ダラ汗が流れていく。「おお、6月の風に乗って、児童の清々しい歌声が〜♪…やっぱりアッチイーーー！」となって早々に音楽室から逃げた。だがこんなの、後で考えると本当の暑さではなかったのだ。

　息子のお迎えに少々遅れてしまい、彼は不機嫌だった。「給食食べた？」と聞いたら「食べてない」と答えて「またか…」と思い、ふと帰り道の途中で連絡帳（毎日の様子について保護者と担任が記録を書く）を開いた。…読んで固まってしまった。

　（記録）外気温、室温ともに上昇し、窓を閉めてエアコンをスタートしたい○○君（息子）と大人とのバトルが続いています。避難訓練後もそれで怒って「もう給食はお休み！」になりました。

　少々説明しよう。特殊学級は、通常級みたいに天井に大型扇風機はない。その代わりエアコンがクラス設立当初（かれこれ10年以上前から）からあるのだ。クラスの子の中には極端に体温調節が難しい児童もいるからとの配慮だろう。他校の特殊学級にもエアコンは設置されている。

　…この担任の記録を読んでいるうち、だんだんワタシの頭が煮立って湯気が出てきた。息子は元々暑がりだ。だがそれよりも、今日は誰だって暑いだろ！　なのに何だこの内容は!!　こんな暑い日に、息子が「エアコンつけてください」と頼んでも「ダメ！」と言ったのか？　そして息子が実力行使に出たら、制止をして「バトルが続いています」だと？？　何なのだ、これは!!

　誰のためのエアコンなんだ？　どうしてこんなことするんだ？　暑くてもそれを我慢できるようにしようなんて教育方針

か？　ひどすぎる。この文章「バトルが続いています」なんて書いて保護者がどう思うかわかっているのか？　「マア、先生ご苦労さまです。息子には少し忍耐力をつけなければね」なんて誰が思うか？　思わないよ！　「暑い」を「暑いです」と言って何が悪い!!　今日はどう考えても暑いんだよ!!　元々教室に涼しくなる設備がないならまだしも、目の前にエアコンがあるのにスイッチが入るのは教師の考え次第なのか？　それがいくら暑くても、30度近くても。なんという残酷さ、恐怖政治もんだ!!　そして空気も湿って重苦しい中、〈バトル〉なんかして余計暑苦しいことをしていたのか授業中に！　「生徒とガチンコ勝負をしてお互いをわかり合おう」なんて勘違いしてるんじゃないだろーな!!　ナンカの学園ドラマと間違えるんじゃない!!

　余りにも頭に血が昇ったので、即携帯を取り出し管理職に電話した。
　ワタシ：「今日は暑いですよね」
　管理職：「暑いですね」
　ワタシ：「こんな暑い日にクラスのエアコンをつけるのは、教師の気まぐれな考え次第なんですか？　暑いのにエアコンがつけられないという状況は息子みたいな特性の子には理解できません。明確なルールでも作ってください。〈○度以上ならつける／○度以下ならつけない〉と規則でも作ってくれないと、無駄な争いをしているだけじゃないですか！」てな感じのことを言った。
　息子が今の特殊学級に転入するとき、「ああ、ここにはエア

コンがある。すごく暑がりの息子にはいいな」とちょっと嬉し
かったのに、余計暑苦しい体験をさせてしまったのか…。

　ナンカサー、どうしてこうつまらないことにいちいち引っか
かるのかな…。ここ最近こういうパターンが多くて親も神経が
参る。

2006・07・02（日）

恐怖教室…
エアコンつかずの間（後編）

　学校の管理職には怒りと暑さに任せてかなり強い口調で電話
をしたので、「私（管理職）のほうから、そのこと（特殊学級にあ
るエアコンは果たして気温が何度以上になったらつけるのか？）につい
て担任の先生方とよく話し合う」と返事はもらった。でもまだ
自分の頭がカッカしていた。「さあ、どう反撃してやろうか」
と策を練った。
「そろそろ父親を登場させるか…」とまず考えた。この連絡帳
の親からのコメントに男親が出ると少しは「ハッ」とあせるら
しい。
※ワタシの偏見だが、学校の先生は女親より男親の言い分を聞く傾向が
　ある。

　オット（男親）のコメントはこうだった（オットの字は筆圧が強
いので、字自体が怒っているように見える）。

なぜ無意味な「バトル」をしているのでしょうか？　暑ければエアコンを入れれば良いだけですし、何度以上でないと入れないというルールでなく、教室の中の状態によって使えばいいでしょう。バトルするよりも勉強に集中できるように考えていただきたいです。

　実に正論だわな。無意味そのもの！　だわな。それに「ルールを作れ」なんて本当はワタシだって言いたくはなかったのよ。だけど、ただ「暑い／暑くない」という体感温度は１人１人違うから、現場の担任の一存「自分は暑いとは思わない」と思えば、それがまかり通ってしまうのが今回よくわかったからだ。「ルール＝客観的データ・現在の気温をチェックする」を主張しないとこちらの言い分の正当性が強調されないからね。バトルより勉強に集中…その通りだ。わざわざもめ事作って、無駄に時間をつぶすんじゃない！

　その夜、パソコンの前に座って、「自閉症児の体温調節」と文字検索をしてみた。以前から「自閉症児者は、体温の調節が難しい〈身体的特徴〉を持っている」という話は聞いていたのだが、息子に関しては「単なる暑がりなだけ」と思っていたのだ。結果はビンゴ！　で「自閉症児者は、体温調節が難しい」と様々な人が主張していた。
　よく読むと、「暑がって、冷たい床に寝たがる」「靴下をはくのを嫌がる」とかいうのもあった。そのまんまやんけ!!「しかし…」とワタシは考える。「こういう身体的特徴を担任に言っ

ても、まともに取り合ってはもらえないかもしれない」と考える。「どうせ、〈我慢が足りない〉としか考えないだろう。一体ワタシは今まで何のために自閉症についての情報や資料を彼ら（教師）に渡してきたのか。それら有効な情報も何もかも、彼らにはただの何か書いてある紙なだけだったのか？　こんなんでどうやってお互い連携を取れるんだ？　もうどうしていいかわからん」

　ブログにこうやって愚痴を重ねるだけか。ワタシはただ、息子に対して間違った対応をしないでほしい。そして、彼が安定した日常生活を送れることだけが願いなのに。安定すれば、彼の能力や社会性その他諸々は徐々に発達するんだから。そんなささやかな願いはどこへ行っても望めないのか？…あ、滅入ってきた。

　次の日、電話相手の管理職の先生と帰り際バッタリ会った。その方は「自分も以前は自閉症児をみていたんですよ」と言っていたが、ワタシはただ苦笑いをするだけだった。こちらが男親を出してきたことで、教師はトーンダウンはしてきたような気はする。それはそれで、「女親の意見は真剣に汲み取らないんだな」という感じでちょっと気に食わない。何はともあれ、これからますます暑くなるのは確かだね、さてどうなるか。

「みんな一緒」についての考察

「どんな事情がある人々でも、みんな一緒に揃うのがいい」が好きな人々の考え方ってどうなっているんだろう？　色々独断と偏見で分析してみよう。

① 「それぞれが抱えている個々の事情のみに、目を向けてはいけない。みんな同じ人間じゃないか。違いなんか大したことではない」⇒違いに即した配慮はなし。よってその違い故に発生する困りごとには目もくれない。

② 「みんな同じことをするのが、いちばんいいんだ」⇒同じことができないと訴えても「じゃあこういう方法もあるよ」というアドバイスなどほとんどなし。だから「ボクにはできません」と訴えても「それは君の努力が足りないからだ、甘えるな」と切り捨てる。

③ 「世間は君の抱えている事情を考えてはくれない。世間とはそういう冷たいものだ。だから、今のうちにそれに慣れておくべきだ。今恵まれている狭い社会に甘んじて生きていてはダメだ」⇒〈冷たい社会〉に順応するのを教えるより、その〈冷たさを温かくする〉ことをなぜ考えないのか？

　なにゆえ、ワタシが「みんな一緒」という言葉に過剰反応するのかは以前息子がとある療育機関で受けた痛い経験から来ているのだろう。

息子が年長児（5才）のとき、そこで小グループセッションをしたのだが、メンバー構成は〈やや話せる自閉症児（息子）／脳性マヒの肢体不自由児／発語なしの障害児／多動の子／ゲストとしての健常児（妹）〉と、とてもバラエティに富んでいた。当時の言語療法士がどういう考えでそういうグループを作ったのかはわからない。そして、最初の頃は上手くいっていそうには見えた。だが、参加者はなぜか徐々に減り始め最終的には息子／妹／肢体不自由児だけとなってしまった。…更に、セッションの様子を別の部屋のモニター越しに見ていて「あれ〜？」という展開になってきた。息子が肢体不自由児と同じ行動をとるようになってきたのだ。肢体不自由児は椅子に座れなかったのだが、その様子を真似し始め、コミュニケーションの方法も同じようにしだした。大人からの質問の受け答えなんかも同様で、それこそ健常児の妹も同じようにしだしたのだ。
「違うだろ？　そういう行動しては？」とハラハラいらいらして見ていたが、やがて「そうか！　息子も妹も、自分たちと肢体不自由児との身体の違いが理解できないんだ！　まるっきりみんな同じだと思っているんだ。だから、同じ行動をしているんだ！」と理解した。そして「このセッションの目的はこれなのか？　息子と妹がこういう行動するのが狙いなのか？　いやもしかしたら、『うちらの子供に思いやりの心を持て』とかを目的としているのか？　それ幼児にわかるのか？」と親のワタシが混乱してきた。言語療法士も自分たちの思惑とは違う子供の行動に戸惑いを見せてはいた。…だが、それを「ワタシの子供のせい」とするのはかなり酷というものだ。正直その後、言語療法士に子供の件で非難されて、打たれ弱いワタシはその医

療機関から離れてしまった。

　後日「肢体も知的も同じ内容のセッションを受けて、えらい目にあった」と知人の養護学校の先生に言ったら「養護学校はそんなの当たり前、みんな一緒くたにしている」と返されて、そうだったのか！　とワタシの認識が甘かったらしい。「そうか！　言語療法士の先生は〈今の障害児教育の現場〉を考慮してああいうセッションを作ったのか」と納得をしてはみた。だがワタシの心の傷は数年経ても容易に癒えなかった。

　ホントくどいが、学校教育において、もういい加減「みんな一緒に揃うのがいい」という考えは止めてほしい。今までずっと長い間、〈みんな一緒を大事にする教育〉なんてしてきたから、色々歪みが発生しているのではないのか？　個々の特性を無視した大雑把な教育をしてきたから、後年「ああもう少し早く、もっと丁寧に手をかけて教育していれば…」という事態になってはいないか？　それに〈1人1人に丁寧に手をかける教育〉を学校に通っている時代にしなくて、いつするのだ？　本当にいつ？　どこで？　誰が？

　…まあ、世間は冷たいというか、障害のある人たちについての理解は確かに薄いわな。以前、Ｔ市の市議会及びＴ市の市長は、「軽度発達障害対応の養護学校高等部を市内に設置するのに難色を示し、強硬に反対した」という経緯があるのだが、その件について市議数人に色々突っ込んで聞いてみたことがあった。

とある市議曰く「急にそんな話を持ってこられても」⇒急に と感じる点から、いかに障害児教育の変化に疎いか関心の薄さ を露呈している。また、ある市議は「T市に２つも養護学校は いらない」と言ったが、これつまり⇒障害のある子供が多種多 様にわたっていることに無知であり全部十把ひとからげ（ある 意味、みんな一緒）に捉えている⇒やっぱり関心がないのを見事 に教えてくれた。

2006・09・10（日）

息子の小学校の夏休みのプールは もうないもんね〜♪ ヤレヤレだ！

「夏休みの学校のプールの中止を知らせる手段として、校門の 所に赤い旗を置く」という規則について、段々その手段につい て疑問を持たざるを得なくなった。いや、疑問を通り越して「こ れって、学校側の手抜きじゃん！」と怒りも沸いてきた。今年 は「プールがあると思ってきたら、中止だった」というパター ンだったが、去年は台風が近づいているから中止かと思ったら、 後日「あら、やっていたわよ」と２学期になってから伝えられ たよな〜。なんだ、この古臭いやり方は？　これではワタシが 小学校に通っていたとき（30年程前）と丸っきり同じではない か？　小学生時代のワタシが、夏休みのプール授業のために徒 歩30分近くかけて学校へ行ったら「光化学スモッグ注意報の

ため、プールは中止」と校舎の屋根の上で灰色の旗がはためいていた。…あの日は日差しが強くて暑かった。これが約30年くらい前の話だ。

　携帯電話1つで今上映している映画の情報・時間・場所の予約までできるこのIT時代に、TVのニュース速報なんかでは、電車の事故による遅れや地震の発生等を迅速に知らせる現在において、夏休みの学校のプールがあるかないかの判断が、
● 学校の校門まで直接行かないとわからない
● 保護者側が積極的に学校に連絡を取ってプールの有無を聞くという形をとらなければ、情報が伝達しないなんて、あんまりにも時代遅れではないか？
　それをまた、学校側がナンとも不思議に思わないんだもんな。そうしている一方で、やれパソコンの授業やらでインターネットの使い方を児童に教えているんだぜ。そんなこと教えるより、自分たちの情報伝達のダメダメさをもう少し工夫してもらいたいもんだ。

　と、プンスカ怒っていたらつい3日ほど前、妹の学校（通常級しかない、学区外から通学してくる児童はほとんどいない）では「今年から夏休みのプール指導についての情報を、メールで流すようにした」と校長が得意そうに話していた。
「ふ〜ん。利用する児童はほとんどが学区内の、要するに学校の近所に住んでいる子ばかりなのに、えらくサービスがいいのね。さすが、自分の学校のHPの充実に熱心な校長ではあるな。しかしこのサービス、利用するご近所の保護者からは「もう少

し早くメール連絡できないのかしら？」と文句を言われている
けどね。まだましじゃん。メールで情報配信なんて遠距離通学
の児童＝特殊学級利用者にこそ対応してもらいたいものだが、
息子の学校については「遠距離通学だから、もう少し融通を利
かせろ？　そんなのこちらの知ったこっちゃないね」と言われ
ているような気分だな。

　そもそも、夏休みのプールなんてロクなことなかったよな。
あれは息子が小学４年生くらいか、プールの受付が学校側の不
備で１５分近く全然何も説明なく動かなくて、ただひたすら児
童たちをそのまんま待ちぼうけさせていた。ついに待ちきれな
くなった息子が怒りだしパニックを起こしてしまった。そのと
き呑気なとある通常級担当の女の先生が「わがまま言わないの」
なんて息子をいきなり抱きしめたのだ。付き添っていたワタシ
はブチッと切れ、その人に向かって他の児童のいる前で「一体
いつまで待たせるんですか！　ずっとこのままこちらを待たせ
て他の子供だって文句を言ってますよ！　自分たちが悪いのに
どうして息子のことをそう言うんですか！　１５分以上も待た
せて！　早く受付しなさい！」と大声で怒鳴ってしまった。
　受付の入り口がこのまま永遠に動かないと感じて動揺した自
閉症の息子が「ただのわがまま」なんて言われてたまったもん
じゃないわい。普段は児童が遅れて学校へやってくると文句を
言うくせに、自分たちが反対なことをしたら、シレッとしてん
だもん。まったく何様なんだ？　お偉いもんだよな。都心の電
車はたかが数分の遅れだって、きちんと放送して謝罪するぞ。
それが公共性というもので、社会性のある誠意ある対応だ。

次の年、その件に関してかなり強く文句を言って、「特殊学級の児童は別の受付にしてくれ」とか改善を求めたが、まあ全体的に不満が残る夏休みのプール指導よの。

　ともかくもう〈小学校の夏休みプール〉と息子は、金輪際もう縁がなくなったから清々している。ヤ～レヤレだ～！

　　　　　　　　　2006・09・16（土）

給食タイフーン…①
～メタメタでした～

　やっと落ち着いたからここに記録できるけど、もうこちら（ワタシ側）が耐えているのが、限界でした。そう〈息子の小学校の給食〉の件で。今までの流れはかいつまんで言うとこういう感じだった。

①パンの耳・カレーのニンジン・混ぜご飯のお豆を避けて食べていると「これも食べなさい」とくどくど細かく言われていた。

　ここで、「このパンの耳のこれだけ（分量を示してあげる）を食べればいいよ」とか明確に本人にわからせてくれればいいのに（自閉症児者には曖昧表現は理解し辛い）、漠然と指示するので、本人からすれば、「え～、パンの耳全部食べなければいけないの？」となって混乱して非常に嫌がる。…というパターンに陥っていた。

②そんなにくどくど給食のたびに先生に言われるということは…「実は完食（全部食べること）を暗に息子に求めているのか？」と息子同様親も、だんだん心理的に追いつめられてしまった。

③息子本人もくどくど言われることにイラついて、余計に「食べないこと」に意地を張り出して、結果先生との意思の疎通が難しくなってきた。

④更に先生以外の周りのクラスメイトからも「○○クン、ちゃんと食べなさい！」とまで言われる始末。息子の逃げ場はドンドンなくなってしまっていた。

　もちろん①〜④についての反証は、１学期間ずーっと、親側から展開していた。成人当事者の給食経験談とかも教えた。「そういうやり方ではなく、こうしてほしい」とも言った。「本人が楽しくご飯を食べられるようにしてほしい。我慢してでも、丸飲みさせてでも強行するのが給食指導なのですか？」とまで言ったのに、全然わかっていないようだった。１学期間は他の教育指導でも「う〜ん〜」となること多々あったので、妹の学校行事で多忙という振りをして、学期末の個人面談もなんとなく流してしまい、夏休みは〈学校と距離を置く〉という冷却期間を設けてはいた。要するに口も利きたくなかったのだよ。

　さて、２学期に入ってしまった。「あと半年我慢すれば卒業だよ」とも思っていたが「でも息子の給食タイムがこのまんまというのも」と考えに考えて、「どうしても完食することを息子に求めるのなら、お弁当を持たせて欲しい」と頼んだが、「ア

レルギーではないからそれはできない。他の子への影響もある。それに完食も求めていない」（←なら、どうしてそんなにくどいんだ？）と却下された。

「やっぱ、そういう答えか」と想定内の答えを苦く思っていたら、その数日後、校長先生から「話がしたい」と言われたのだった。

給食タイフーン…②
～事の始まりは～

校長先生から「話がしたい」と言われたが、こちらも用事が多々あったので、電話で「どのような件でしょう？」と伺ってみた。校長からは、

①2学期の身体測定で、体重が増加しているのは給食を食べないせいではないか？　栄養の偏りのせいで、いずれこのままだと健康に支障がでるのではないか？（断っておくが、身長も伸びている。確かに今軽い肥満だが「それは親に似たんだよ！」と言える範囲内だと思う）

②家庭では〇〇君の食生活をどう考えているのか？　学校側と家庭と考えを合わせたほうがいい。ともかく話をしましょう。

という主旨だった。

電話を切った後、だんだんワタシ自身がパニックになってきてしまった。つまり、〈息子が太った（元々太めだが）⇒給食を食べないせいだ⇒つまり家での食生活が良くない⇒でも学校側は努力している⇒では家庭では？⇒どちらにしろこのままだと、息子の健康に影響がでるだろう⇒親は一体何を考えているのか？〉てな所でしょうかね。息子が太ったという事実がこれほどまでワタシを追いつめるとは思わなんだ。パニックになってしまったワタシは、本やらインターネットやらで〈子供の肥満〉について調べまくった。他の関係機関にあせって相談したら、検討違いなことを言われてしまい、更に錯乱してしまった。

　しかし、錯乱しながらも何かどうしようもない怒りがふつふつと湧いてきた。前々から困っていたのは〈息子が給食を食べない〉〈少しずつ食べられなくなった〉ということだが、ワタシは〈給食タイムでの過ごし方〉を長い間心配しているのに、それがどうして〈息子が太ったのは、給食を食べないで家で偏った食事をしているせいだ〉という話へずれるのか？　冗談じゃない。〈給食を食べない〉と〈息子が太った〉は別に考えるべきだろう？

　そもそも〈給食を食べない〉という困りごとは、突き詰めれば、〈息子のまず自閉症ありきで考えない担任側の間違った配慮のせい〉なのだ。それをわかってほしくてこちらは一生懸命なのに、どうしてあちら（先生方）は「息子が太った」というほうを重要視するんだろう？　パニックになりながらも「これはオットを待たずともさっさと校長と話して、ケリをつけてやる！」と決心して、パソコンでこちらの意見書をダカダカ打ち出した。

しかし、こちら（親）のメンタルがしんどいときに悪いことは重なるもんだ。息子がとある件で、軽いカンシャクを起こしたのだ、特殊学級のせいで。夜「明日はこういう授業があるからこういう準備をするのよ」と説明したら、去年とやり方が違うことにどうしても納得できない息子が大声を出し始めた。「ここでも更に、こちらに追い討ちをかけるのか…！」とシンドさがピークに達してしまった。こうなると、ワタシの感情のブレーキは壊れてしまい、相当荒れ狂って、息子に当り散らしてしまった。息子の顔を見ているだけでも感情が抑えられなくなり、かといってお互い離れる時間もなく、親子で〈やりばのない怒り〉のぶつけ合いが続いてしまった。…息子に怒鳴りながらも、「ああ、もうちょっとワタシヤバイかも…」と内心憂鬱な気分が増殖してきた。

2006・09・23（土）

給食タイフ〜ン…③
〜ああ言えば、こう言う〜

　今思い返してみても、よくもまあ、あの冷徹（物事を冷静に深く鋭く見通している様子）な校長先生と渡り合ったもんだ…と思う。校長先生がああいう主張をすれば、瞬時に判断してこう言い返してみたが、気分は全仏オープンテニスか？　ちょっとそのゲーム展開をお披露目してみよう。

校長：「私が給食の様子を見たところ、別にあれくらい普通の指導だと思いましたけどね」

ワタシ：「普通の指導でも、受け取る側がどう思うかが重要でして。例えば、子供がナカナカできない既婚の女性に『お子さんまだ？』とか『子供嫌いなの？』とか『女は子供を産んで1人前』とか言う側は大したことじゃないと思っていても、言われた側は傷つくでしょ？　それと同じでは？」

校長：「給食指導も、学校側では大事でして」

ワタシ：「それはわかっております。ですが、我が家の場合好き嫌いを失くすというのは、学校へ通っている期間だけで解決するものだとは思っておりません。長いスパンをかけてやるものだと思います。（自閉症という特性は）生涯付き合っていくものですから、小学校へ通っている間にどうにかなるものだとは思っていないです。その辺をご了承ください。ですから、学校の園芸でピーマンがなって家に持ち帰ったときに『これで何か作って』と言っても、実際は本人は食べません。普通だったら『自分が苦労して作ったものはおいしく食べるようになる』というセオリーが（障害児教育には）あると思いますが、息子の場合『自分が苦労して作ったものを家族へ食べさせる。自分は食べない』という形をとっても、いいと思うんです」

ワタシ：「我が家では、正月のおせち料理も黒豆も最初から作ります。しかし、作る過程を本人に見せても伝統料理だとしても、本人は食べません。…いつかは食べるかもしれません。ずっと食べないかもしれません。でも、TVCMで『おせちもいいけど、カレーもね』なんて言っている時代なんですから、こちらも考えを切り替えるのも大事だと思うのですが」

校長：「それはダメでしょ」

ワタシ：「…（ワタシが納得しているんだから、それでいいじゃん／心の声）」

ワタシ：「特殊学級のクラスメイトは、言葉の能力からして皆違いすぎますでしょ？」

校長：「それは、通常級でも同じですよ」

ワタシ：「しかし、ほとんど話せない子から実年齢よりIQは２学年以上高い子もいるのが、特殊学級の実情でしょ？　すごい年齢差ですよね？　そういう子供たちを同じ行動をさせるのってとても無理がかかると思うんです。無理矢理そうするより、話せない子にはその子専用のコミュニケーションツールを利用するとか、逆の子にはソーシャルスキルを学ばせるとか。そういう〈１人１人に合わせる教育〉をまずしてから、同じ行動をとらせるべきではないかと」

ワタシが「本人の特性に合わせた指導をお願いしたい」と伝えたら、興味深い言葉を校長先生は発した。

校長：「広い社会では突然予測しないことが多いでしょ？だから、学校でもそういうシチュエーションにあえて慣れておくのが必要では？」

つまり〈本人の特性に合わせた教育〉は本人にとって優しい環境過ぎて、かえって甘やかしになるのでは？　という意味らしい（へぇ～、そういう考えなのか？）。

ワタシ：「本当にそうです。毎日何かしら予測できないことばかりあって大変です。つい一昨日も学校でこういうプリントをもらって。（ガサゴソ見せる）本当に困っているんですよ。もうどうしたらいいのかワタシもわからないんです。どうしよう

もなくてこの日は他の理由をムリに作って学校を休ませました（本当に真面目にわからん！　という話）」

　逆に〈学校ほど、突然予測しないことばかりを発生させるという事実〉を突きつけてしまった。

　ワタシ：「前の通常級の小学校ではみんなと同じ行動がとれないということで、居たたまれなくなってこちらに来たのです。ですから、『みんなと同じように』という言葉に敏感になっているというか、心の傷になっているもんでして。最初っから特殊学級を選んでいたら、また違っていたと思いますが」

　校長：「実際入ってみないと実態はわかりませんよ。現在通常級でも息子さんみたいな子は一杯いますし」（慰めになってない！）

　しかしながら、ああいう相手と渡り合うということは「自分の障害のある子をどう育てたいのか」等と本来なら胸の奥にしまっておきたい言葉も言わざるを得なかった。定型発達の子供だったら、ここまで深く考えなくてもいいのではないだろうか？　どうなんだろう？

2006・10・22（日）

「あと2つ、あと2つだから～」 の10月

　と、ブツブツつぶやきながらどうにかここまできた。「何が

あと２つ？」と思われるだろうが、今月はやたら〈息子の学級行事（学校ではない、特殊学級のみのイベント）〉が多い⇒イベントが多いと息子が色々うるさくて⇒それに対応しているだけでエネルギーを使い果たす…という状況だったのだ。ブログ更新も滞るわけだ。

「それにしても…いくら何でもこれはちょっと無理矢理じゃないか？」と思う。クラスメイトの保護者も「ウチの子（心身共の）疲れから熱出さなければいいんだけど…」と言っていたくらいである。あえてここに何のイベントがあったか、列挙してみよう。◎は通常級と同じ内容、●は特殊学級のみの行事である（な〜んで遠足と宿泊を同じ月にやるかな〜？　どちらか少しずらせばいいものを）。

　　◎９月ラスト土曜日は運動会　　◎運動会後の２連休（日曜〜月曜）　◎体育の日が入ったから３連休になる　●市内の特殊級全体の合同遠足　◎土曜日の授業参観　◎土曜日に学校へ行ったので振替休日（月曜日）　●特殊学級だけの宿泊（１泊２日）

〈月曜日が学校休み〉というだけで、結構ワタシ的には負担である。息子は〈お休みの日はどこかへ出かけるもの〉と思っているタイプなのだが、息子好みの行楽施設は月曜日は定休日ばかりなのだ。オットは会社だし、ああ辛い。普通の感覚で行ったら「遠足や宿泊なんて、楽しいじゃない？　どこが大変なの？」と思われるだろうが、常々ぼやいているように、「息子みたいな特性を持つ自閉症児にはいつもと違う行動をさせられるのは、情緒の不安定を招きがちなのだ。これは多分、障害特

性の１つ〈イマジネーション（想像力）の障害〉から来ていると思われるが、ワタシはお医者さんではないのでその辺ズバッとは言えない。だが溜め息はでる。

　とにかく、あと振替休日の月曜日と１泊２日の宿泊のみである。月曜日はともかく、宿泊においては息子に対して去年同様対策したわさ！
①行く場所の事前チェックを家庭でフォローしたわよ！　当然!!　そうしないと不安感がすごいから
②２日目に飲むお茶の種類について、悩む
③捨てられるお弁当箱についての大きさ、種類などのチェック
④お弁当の中身について、漬物はいつ買っておくか？
⑤宿泊施設の１階と２階の料金の違いが気になる
⑥録画するTV番組についてのチェックと予約
⑦帰りのお迎えは民間の送迎に頼みたい
「そんなにクドクド言うくらい（不安感が強い）なら、無理に行かなくてもいいんだよ」と息子に言ったら「それは嫌だ」と返された。

　…こうやって、学校の行事の量に比例して、親の負担は増すのであった。あんまりキツイので、連絡帳に「誰がこのプランを決めたんですか？　シンドイです」と書いたら「許してください」と返ってきた。ここで「どの子どもだって、手はかかるものなのよ」と言われてしまえばそれまでだが、ワタシのキャパシティ（能力）も考慮してくれよ〜。

ずいぶん遠い日のような気がする①

　息子はお弁当の中身を製作過程からあらかじめ自分が納得していないと、恐ろしく機嫌が悪くなる。彼には「中身なにかな？」とワクワクしながらお弁当のふたを開けるという認識は決して存在しない。自分の想定外の食べ物には、嫌悪感が湧くらしい。面倒くさい。だから〈特殊学級のみの宿泊訓練〉の日の朝、自分でお弁当の中身を詰めさせた。

　このときには「やっとイベントばかりあった10月が終わる！」とホッと一息ついていたのだが、今から考えるとお目出度いことだったよな。11月に入ってから何が待ち受けていたかはこのときは知るよしもなかったもんな。

ずいぶん遠い日のような気がする②

　実は、10月末は息子の誕生日だったのだ。去年は特殊学級のクラスメイトを家に呼んでささやかなパーティーをしたのだが、お友達が持ってきたプレゼントについて「う〜ん、これはボクは好きじゃありません」とバカ正直に言いやがった。今年

46

はそういう顰蹙をかいたくなかったので、家族だけでお祝いした。今年のプレゼントは、プラレールの大きなセット（蒸気機関車）で、これはご本人に選ばせた。自分が納得しないものをもらっても嬉しくないそうだ。

　11月3日の文化の日、南大沢にある某大学の文化祭に息子とワタシとで出かけた。というのは、（とあるミニコミ誌の情報から）その大学の〈鉄道研究会〉の文化祭でのイベントの紹介があったからだ。この日は穏やかな暖かな日ではあったよな。大学の2階の片隅に、その〈鉄道研究会〉はあった。そしてどう見ても鉄オタだろうという大学生のお兄さんとお姉さんが地味にNゲージをセッティングしていた。うちら母子の目的はこの『鉄道研究会』だけだったので（そりゃあ屋台の食べ物も食べたけどね）、そこで、たっぷりNゲージを楽しんだ。過去色々行った鉄道博物館関連のNゲージ展示場よりずっと人が少なかったので、それはそれはリラックスして楽しんだ。

2006・11・23（木）

ずいぶん遠い日のような気がする③

　まだ、某大学鉄道研究会の話は続く。息子がNゲージをウキウキして眺めている間、この研究会が発行した同人誌をいただいて、今も手元にあるのだが、その冊子は2冊あって、1つは〈色々な電車に乗ったときの記録集〉でもう1つは〈2006年度合同研究「鉄道におけるユニバーサルデザイン」〉という

研究記録らしい。字がいっぱい書いてあるので、まだ全部は読んではいないのだが、ユニバーサルデザインだよ。ワタシが「オッ」と思う訳はおわかりでしょ？ この「ユニバ…」のほうで、3年在学のI氏が「ユニバーサルデザインとは」と文章をまとめてある。全部それを紹介はできないが、「まあ、これくらいはいいでしょ」ってな感じで今打ち込んでみよう。題して、『ユニバーサルデザイン・トリビア的知識』。

　ユニバーサルデザインは、1980年代にアメリカ・ノースカロライナ州立大学の故ロナルド・メイス氏によって提唱された概念である。この意味とするところはすべての人のためのデザイン（設計）、つまり年齢や障害の有無などに関わらず、最初からできるだけ多くの人が利用できるデザインと言われている。氏は同時に7つのユニバーサルデザインの原則を提唱している。
　①誰でも公平に利用できること（公平性）
　②使う上で自由度が高いこと（自由度）
　③使い方が簡単ですぐにわかること（単純性）
　④必要な情報がすぐに理解できること（わかりやすさ）
　⑤単純なミスや危険につながらないデザインであること（安全性）
　⑥無理な姿勢をとることもなく、少ない力でも楽に使用できること（省体力）
　⑦アクセスしやすいスペースと大きさを確保すること（スペースの確保）

　似たような概念としてバリアフリーが挙げられる。〜略〜　ユ

ニバーサルデザインはバリアフリーを内包したデザインと言えるだろう。また、元々はバリアフリーのための設備であったとしても、障害者以外にも利用されるようになれば、それはユニバーサルデザインとしての機能も果たしていることになる。〜略〜　駅のような公共性の高い空間は様々な人があつまるという特性上、このようなデザインを導入する意味が大きい。事実、2006年には交通バリアフリー法が施行され〜略〜

　対象者が〈自閉症児者〉で考えてみると、上の７つの原則では①・③・④が大事であろう。だから常々息子と対峙する際にはこの３つの原則に沿ってワタシ（保護者）は動いているのだが、が！　正直言って、息子が今在籍している特殊学級ほど、この概念から遠くかけ離れている場所をワタシは知らない。通常級ならまだしも、対象が「なんらかの障害を抱えている子どもたち」が集う特殊学級だよ。「なんなんだよ、これは！」と怒り狂ってしまうのであった。

2006・11・25（土）
ずいぶん遠い日のような気がする④

　自閉症息子の支援グッズを過去いくつか作ったことがある。最初に作ったのは文字イラスト入りのうちわだった。保育園で、担任保育士さんに「お宅のお子さんこれでは困るんですよね〜」なんて呼び出しをくらって困り果てたときに、考えに考

えて作ったのだ。

　この時点（息子年長さん）では親（オットとワタシ）は、まだ我が息子が自閉症とは知らなかった、イヤ本当。〈多動による知的障害〉と診断されていた。多動がおさまれば、遅れもなくなると勘違いしていた。イラストは「やたら交通標識が好きだった／口頭で注意するより絵のほうが興味を引くだろう」という考えで『マークの図鑑』（小学館）を参考にした。ウチワに細工をしたのは「ウチワだったら、本人自身が持つということに違和感はないだろう」と思ったからだ。絵を描くことはワタシ自身好きなので作るのに苦労はしなかった。…で、担当保育士さんたちはこのウチワを見て「マアなんて、愛情深い母親なんでしょう！　ここまで作って！」と感動して「困るんですよね〜」は言わなくなった。ウチワが効力を発揮したのかどうかは未だ謎である。今考えるにあの呼び出しは「単なる日頃のわだかまり（手がかかる息子を預かっていること）の不満をぶつけたかったのではなかったのか？」なんて思ってしまうね。

　そして、今年の１学期にあった移動教室では、布団のシーツのかけ方や方法をイラスト化してラミネート加工して持たせた。

　通常級の児童でも「ベッドで寝ている子が多いので、布団カバーの使用方法がわからない子が多い」と聞いたので、念には念を入れて作ってみた。実際家で練習もさせたけどね。

　後日知人に話したら「学校側は親に依存しているのではないか？　どうして親がここまでやらなければいけないのか？　特殊学級にいるのは〈特別な支援が必要な子〉とあらかじめわかっているのに」と言われた。内心「ワタシ自身『どうして親がこ

こまでしなきゃいけないの！』と内心悲鳴を上げていたしな〜」
でも、ここで親も何も支援しなかったら、結果とても困るのが
息子自身であって…。今年の学級担任たちは余りにも…である。
親はなるべく裏でフォローしていたのだが、そのあんまりさに、
とうとう我慢ができなくなった。

2006・11・25（土）

ブチ切れる準備はできていた①

　後日主治医から「最悪だ」とまで言わしめた授業を、息子は
１学期の授業参観のときに受けていた。前日担任は「明日の授
業は面白いですよ」なんて言っていたのだ。ワタシは「何が？」
と不思議がっていたのだが、当日の子どもの様子を見ているう
ちに、余りの内容の酷さに徐々に頭に血が上って来てしまった。
イヤ、内容うんぬん以前の〈授業を受けさせる環境〉からして
お粗末そのものだった。

　同室に高学年グループ３人と担任／低学年グループ３人と担
任と分けられていた。そして背中合わせでお互いの授業を受け
ていたが、スペースを区切るパーテーション（ついたて）すら
なかった。つまり、お互いの授業内容が筒抜け状態なのだ。そ
のうち低学年グループの担任が『アンパンマン』の絵本の読み
聞かせを始めたからたまったもんじゃない。「食パンマンとド
キンちゃんが〜」なんてストーリーが丸聞こえになってきた。
そんな状態でだよ、板書きなし／手元にプリントなし／３人同

時に⇒文章の聞き取り・間違い探しをしよう、そしてお互い発表しあうだって！

　こんな授業を続けていれば、息子を含めての自閉症児がどうなったかおわかりであろうか？　煩雑とした環境で、徐々に混乱してきて、イライラして癇癪を起こしたワイ！「やめてくれー！」と内心喚きながら、でも授業中につき（他の保護者の手前）何もできない自分に腹が立った。大概の自閉症児が学習するときに際しての注意点は、

①刺激のコントロール

②環境の構造化及びコミュニケーションに際しての視覚情報の活用

③具体的な目標の設定

④個人の能力に合わせた学習の設定

（※まだ注意すべきことはあるかも知れないが、それはとりあえず）

…が大切なのだ。嗚呼それなのに！　こんな①〜④を丸っきり無視した状態の授業を目の前に見せられてしまった日にゃあ、あーた！

　この直後の懇談会で「あれはちょっとナイのでは？」と他の保護者と一緒に担任に訴えた。連絡帳にも「改善してほしい！」と一生懸命書いたのだが、どういう訳か担任は「子供同士で色々話し合うのがいいのだ」とかなんとか主張して自分の考えを曲げなかった。

「どーして？　なぜそこまであの授業スタイルにこだわる？」授業内容よりもまず！〈環境設定自体が丸っきりアウト〉なんだが。だがそれすらも担任側は何も気にもせず、驚きを越えて呆れ果ててしまった。「つまり、鈍感？」

ブチ切れる準備はできていた②

　1学期の授業参観から、通常級と一緒の夏の移動教室へと学校行事は移行したのだが、ここでも担任は「鈍感ぶり」を大いに発揮してくれた。どういう内容だったかは、前のブログにネチネチ愚痴っているのでここでは割愛する。だがつい最近、当時のあることをフッと思い出したのと同時にくやしくなったので、ここに書いておこう。

　実は、移動教室についての通常級との合同勉強会・第1回目にワタシも心配でその場に居合わせたのだ。そのときに〈息子専用の移動教室についてのファイル（特殊学援用）・自家製〉を担任に見せた。ワタシが「こういうのを家庭で作ったのですが、よろしくお願いします」と渡したら、担任は苦笑いをした。あの笑いはナンだったのか？　通常級の生徒用と同じファイルでは息子には内容が不足しているから、中身を充実させたのに。なぜ親の努力を苦笑いする？　その後、やっぱり息子不安がって、結局家庭で実地体験2回もしたのよ。

　後日、校長より「○○君、移動教室のときも通常級の子たちと一緒に活動できて、落ち着いていて…」と言われたが、内心ワタシは「それはこちら（家庭）の努力が80％、本人の努力が15％、学校側の努力が5％に過ぎないからで。あなたたち（学校）

の手柄じゃない！」と毒づいていた。授業参観といい、移動教室といい、その他諸々のことで担任に対しての評価がワタシの中で下がりまくった。「どうにかしたい」と思ってアレコレ動いたが、どうも暖簾に腕押し状態だった。次第にワタシは疲弊して「なるべく表面上のお付き合いにしておこう」と沈黙したのだったが。

ブチ切れる準備はできていた③

　以前ワタシは〈夏休みの学校プールについてのブログ〉を書いたのだが、そのときは「〈ワザワザ学校まで出向かなければ、プールがあるかないかわからない〉というのは、時代遅れではなかろうか？」と吠えていたのだが、その件について1学期の保護者会時（ワタシは欠席）、特殊学級の担任たちと児童の保護者との間でひと悶着あったことを後日知った。実際はもっと酷い話があったのだ。

　特殊学級に通っている児童は、ほぼ半数以上が学区外通学者なのだ。だから「学校までワザワザ出向いてプールがあるかないかの確認は、学区外から来る者にはキツイ。以前は電話連絡をしてくれたが今年もお願いしたい」と、ある保護者が担任に依頼した。そうしたら担任は何と言ったと思う？　「それはできない」だと。それどころか「保護者からの問い合わせも受け付けません、伝言でお願いする」とまで言ったらしい。「どう

してですか？」と聞いたら「忙しいから」と返したそうだ。「プールのあるナシは、ご自身で学校へ来て確認してください」と言い切ったらしい。「下の子も夏休みでそちらの世話もあるのに！（兄妹別々の学校の場合もある。勿論我が家も同様）「そんなに非協力的なら、もう来ません！」とその保護者は夏休みのプールをボイコットした。「忙しい」ってあんた、実際プール中止を知らずノコノコ学校へやって来たワタシら母子は、教師たちが園芸の草むしりや教室での整理をしているのを見たがね〜、その作業って電話１本できないほど忙しいのかね？　たった１本だけ電話をすれば後は連絡網で情報は流れるでしょ？　鈍感なのか冷たいのか…。

2006・11・26（日）

ブチ切れる準備はできていた④

「10月は学校行事が多くて〜」とボヤいていたワタシであった。正直言うと〈息子のメンタル面のフォロー〉で本人を学校お休みにさせたこともあった。そうしていたら「11月の図工展に準備している作品（複数）は、○○君（息子）だけ遅れがちです（だって図工のある日に休むから）」と連絡帳に担任から書かれてしまった。「まあ、休めばそうなるよね」と思っていたのだが、ある日の連絡帳は「○○君以外はまだ作品ができあがっていないので、○○君は別の勉強をしていて他の子は作品を仕上げていました」という内容になっていた。「息子のほうが遅

れがちだったのでは？　いつから形勢逆転した？」と不思議
だった。図工展ね〜。「体育館の壇上に上がって何かするとい
う物ではないから、今年は楽勝だろう」と少し安心していたの
だが、それは大甘だった。息子以外のクラスメイトも、行事だ
らけの日々と、図工展のプレッシャーで徐々にメンタル面での
調子が悪くなっていたらしい。そして担任たちの様子も観察し
てみると、やたら口やかましくしており、教師も子供もお互い
イライラが目立ってきていた。

「口だけでアレコレ指導したって、こういう子供たち（息子み
たいな発達障害児）には理解し辛いだろうに。でも多分『自分た
ちのやり方は悪くない』と思っているし、子供に責任を押し付
けているんだろうな」とワタシは推測していた。お互い同士が
連携が上手く取れていなくて、イライラし続けるとどういう目
に遭うのか…この後イヤほど思い知らされた。

2006・12・02（土）

ちょいと寄り道

　ちょっとだけ路線変更をしてみる。さすがに、年子妹の学校
のPTAの書記業務をほとんど1人で担っていることにくたび
れてきている。書記は3人いるけど、全体の90％をワタシが
処理していると言っても過言ではない。

　書記業務とは、PTAから発行している案内の文面をほとん
ど作成⇒修正と変更箇所をチェック⇒印刷⇒全家庭に配布など

であり、また〈委員会のときの記録係〉等などもしている。それらをきちんとやっているから、他の業務（肉体労働とか、どこかの集まりに出ること）は遠慮してもバチはあたらないだろうが、でもやっぱりPTA役員としてなるべく色々参加しないとカドが立つ。フルタイム会社勤務／パート勤務の役員さんたちのほうが、個々多忙さが際立っているそうなので、自然とこちら（無職の人）の方が責務が重くなる。

　先月は2回も〈PTA主催のナンタラ行事＝調理関係〉の手伝いに出た。地域のとある団体にレクチャーを受けながら、全学年対象、一般保護者のヘルプ付きで和気あいあいとクッキー作りを子供に教えながら、オーブンの開け閉めをしていた。
（別の学校へ通っている）息子の学校生活にとても心配なことが多いのに、年子妹にクッキー作りの参加を打診したら「え～、行かない」とフラレ、結局子供2人を家で留守番させながら、何が悲しゅうて他人の子の世話をしながら、クッキー生地をこねねばならなかったのか？
　その日はヘバッたので、PTA役員同士のメーリングリストで「クッキー作り疲れた」とメールで打ったら、フルタイム会社勤務者から「私も12時間勤務で大変です。でもお互い頑張ろう」と返された。そのときワタシの頭の中で何かがプチッと小さく切れた。だもんで、ついそのノタマッタ方のみに「ワタシは今障害のある息子の学校で心配事があって困っているんです。メンタル面でキツイので、その辺よろしく」と返信してしまった。

バリバリフルタイムで会社勤務ができるお母さんって、我が子がまず健常児だからフルタイムで働けるんだし、お給料ももらえて（儲かって）、家計が潤っているんじゃないかい？　この際「生活のために働いている」とは言わないでくれよ。ところがワタシに限って言えば（あくまでワタシの場合だよ）、こちらは我が子が障害児だから、息子が幼児期（保育園）、ちょっとだけ残業して働くと事前連絡していても文句を言われ、逆に医療・療育でお金はかかって、そういう療育機関に子供を連れて行くためにフルタイムは叶わず、でも子供は色々手が掛かるし、疲れるし、家庭は荒んでいた。そういうはた目にはわからない苦労をこちらはしているのだ。だから、ハードワークでくたびれているのはわかるけど、〈12時間バリバリフルタイム会社勤務〉が可能な家族環境に感謝せいよ！　そしてそうやって働いていても、PTA業務を肩代わりしている人間の存在にも感謝してほしいぜ！　そして今月もまた（PTA書記業務として）〈会社勤めがすぐできそうなくらいの文書〉を無報酬で作るワタシがいる。「あ～あ～。時給700円でもいいのにな～」と完成した文書数枚を眺めているのであった。

2006・12・04（月）
ブチ切れる準備はできていた⑤

　話は10月終わりあたりまで戻ってしまうのだ。10月終わり頃というと「小金井市の心障級に在籍していた児童、授業中

不適切な対応でケガ、色々あって民事訴訟」というニュースが出た。ちょうどTVで詳しく取り上げられていて、オットとワタシはTV画面をジーと見ていた。

「現在の心障級の担任で、障害児教育を専門的に勉強している教師は、全体の3割」ということを発表していて、アナウンサーが「酷い話ですね」などと言ってはいた。いや、大学時代に障害児教育を履修していなくてもその後きちんと〈障害児対応の教育方法〉を自力で勉強してくれるなら、それに越したことはないけどね。そこまでしてくれる特殊学級の先生はどれくらいいるだろうか。…そのニュースの直後、小金井市の特殊学級の話と非常に酷似した体験を自分の息子がするとはね、思わなかったんだよ。

2006・12・05（火）

ブチ切れる準備はできていた⑥
爆発寸前の話

　11月中旬に学校全体の図工作品・家庭科作品を一挙に展覧会をする〈作品展〉が子ども2人の小学校であったのだが、こういう年1回の大掛かりの学校全体行事というのは、子供は元より教師側も何かしらナーバスになってしまうものである。実際、キリキリ舞いをしている先生方を学校内で見ていた。しかしながら本当は誰よりも特殊学級の子供ほど〈いつもと違う雰囲気／作品展へのプレッシャーと緊張〉からか、調子が狂っ

59

てしまうものなのだ。そしてその調子が悪い子供を相手している特殊学級の担任も、もろ「ミイラ取りがミイラになる」というのは容易に想像はできていた。だけどね、ちょっとそれはあんまりじゃないか？　という出来事があった。

〈作品展〉の準備直前週に、年子妹の用事でワタシは都心まで出かけていた。やっと最寄の駅に着いた頃に、いきなり携帯が鳴った。特殊学級の別の担任からだった。「実は今日…」という言葉を聞き取ってみるとこういうことがあったらしい。

　○○（息子）が、クラスメイトの前で口をおさえずに（わざとふざけて）何回もクシャミをした。⇒ついキック注意して、鼻をつまんでちょっと傷をつけてしまった。⇒申し訳ない。本人は話を振ると嫌がると思うので、余りその件について本人に聞かないで欲しい。ワタシは「そういう注意の仕方ではなくて、『くしゃみをするときは、手で口を押さえなさい』と言えばいいでしょ？　なんで鼻をつまむ必要（痛い目にあわせれば言うことを聞くという解釈）があるんですか？」とは言っておいた。その後帰宅したら、ご本人は既に家にいて、顔を見てみたらずいぶん目立つアザをつけてくれたもんだ。本人に「そのアザは何？」と聞いたら、ハッキリ答えてはくれたけどね。鼻って、どれくらい強く圧迫すればこんなアザができるのかねえ？

　薄々、特殊学級の担任たちが「自分たちの指導が上手くいっていない。でもそれは児童と保護者のせいだ」という考えを持っているのは、こちら（保護者側）も感づいていたが、まだこの段階では本当にブチ切れはしていなかった。むしろ「作品展の準備で担任たちも余裕が無いんだろ。ともかく早くこれが終わ

れば静かになる筈だ」とやや寛容に構えていた。でも連絡帳には「妹が兄の鼻のアザを見て色々言っていましたよ。『お兄ちゃんの障害のこと勉強していないの？』だって」と嫌味ったらしく書いてはおいた。別の担任は連絡帳の返事に「申し訳ありません」と返したが、その直後に再度〈鼻つまみ担任〉とトラブルが発生してしまった！

2006・12・05（火）

母キレル①

〈鼻にアザ〉の２日後の息子の下校時のお迎えのときだった。玄関から息子だけ出てこなかった。「？」

　ついでに高学年のヒラヒラスカートをはいていた女の子と話をしてみたら…「〇〇君、わがまま言って先生に怒られていた」とのたまった。遅れて息子が泣きべそをかきながら出てきて、少々荒れていた。「？」

　そうしたら、〈話もしたくもない、鼻つまみ担任〉が、こう言うではないか。「今日クラスの図工の合同作業の際、皆で腹ばいになって絵を描いていたときに〇〇君（息子）が女の子のスカートの下を覗こうとした。悪いことだから叱った」と言い、まだ怒り足りなかったらしくクドクド説教をし始めた。「みんな我慢しているんだから、君も努力しなければいけない」とかなんとか。

「ヒラヒラスカート！　あの女の子かい！」とピンと来た。そ

もそも、我が家の女共は、ここ最近スカートとは縁遠かった。「まさか、スカートを見慣れていないことが、こういうことを引き起こすとは！」と焦った。…が、何か完全に息子が悪者になって、怒られていることに釈然としなかった。〈鼻つまみ担任〉は「自分の厳しい指導は絶対間違っていない！」という自信に満ち溢れていたがね。その〈鼻つまみ担任〉とはもう少し話し合いたいと思ったが、どうも相手側は怒りが収まらない様子だった。「あ〜、もういい！　この場から逃げたい！」と思って息子を引きずって帰ってきた。

　帰宅後、「何か釈然としない…」と深く深く考えてみた。そしてハッと気がついたのだ。なんでクラス全体の合同作業だからと言って、スカート姿の高学年女子（お年頃）に腹ばいの格好なんかさせるんだよ！

　なんで、そんな無防備な格好をする必要があるんだ？　今は駅の階段でも手鏡でスカートの下を覗くいい年した大人がいる時代なんだぞ！　普通、お年頃の女の子にそんな格好させること自体がおかしいじゃないか！　そんな無防備な格好をさせといて、息子が妙な反応したから怒るなんて、根本原因は「担任側が設定した授業環境」に配慮がなさ過ぎのせいじゃないか！

　もう息子が怒られたことについてのキレタではなかった。知的に遅れがあろうとも、体はもう思春期（大人に近づいている女子児童）に、〈スカートのまま床で腹ばい作業させた〉ということに猛烈に腹が立ってきた。更に〈スカートで床に腹ばいする行為〉に何も羞恥心とか感じない女子の精神面の幼さに「このままじゃいかんだろ！」と危機感を持ってしまった。ちなみに

お年頃の年子妹に「こういう授業だったらどうする？」と聞いたら、「恥ずかしいから、そんな格好を皆の前でやるのは嫌だ」と即答した。〈羞恥心のあるなし〉は、これつまり女の子の〈自己防衛能力の育ち〉にも関係していないか？　今までの担任たちの〈鈍感〉〈冷たさ〉〈担任自身の都合を優先〉〈間違った授業展開・生活指導〉にもう我慢ができなくなった。ここで黙っているわけ（泣き寝入り）にはいかない！　徹底的にやってやる！そしてクラス内だけで内密に済まさせないようにしてやる！と決めた。

2006・12・05（火）

母キレル②

そもそも我が家の子供は年子の兄妹ゆえ〈思春期対応〉はもう手をつけていた。年子妹は着替えの際に、トイレに鍵をかけて兄に見られないようにするほど徹底している。まあ、兄はそういう妹の様子を「どうして、▲▲（妹）は、こういうことするの？」と半ばからかいながら質問するがな。

　…なんでワタシが、他人の女子のスカートの下、「覗かれても平気なようにスパッツくらいはけよ！」と心配したり、「そんな無防備な格好していると恥ずかしいわよ」「皆ジャージ着せればよかったのに」なんて指導しなければならんのだ？　ワタシの責任じゃなかろう？　まったく、頭の中ではその担任たちの胸ぐらをつかんで、振り回しておったわい。ともかくキレ

63

タワタシは、まず連絡帳に「スカート姿の女子が床で腹ばい作業するのは是か非か？」と何ページも書きまくった。正直言ってブログ記事より数段出来がよろしい文章だった。それこそ自分の少女時代の経験なども交えてな。（※男の子が気弱そうな女の子に〈性的興味〉を持つのは、昔っからあったわよ！　息子だけが、特別スケベなわけなかろう？）

　更に「この連絡帳を担任だけに見せるわけにはいかないんだよ！」と思い立ったワタシは、次の朝そのコピーを管理職に簡単な説明をつけながらやや睨み付けながら渡した。と同時に、つい最近養護学校の先生からいただいた〈**平成 17 年度　知的障害養護学校における自閉症の児童・生徒の教育課程の開発、研究事業報告書／都の教育委員会発行**〉の印刷 32 ページ分も添えた。まあ、そうすること（参考資料を渡す）によって「こちらだって激情だけで動いているわけじゃないんだよ。冷静に論理的にケンカを売っているんだぜ」という意思表示をしたわけである。「さあ、これでどう管理職が反応するか？　ワタシをただ息子を溺愛する独り善がり親と見下すか？　ワタシの言い分を否定するか？　それとも全面的に受け入れるか？　身内部下を庇うか？」しかし、よもや担任たちもワタシがこういう反撃に出るとは思いもしなかっただろう。だって全面的に「〇〇君が悪い！」と責めていたからね。でも「このケンカは親側が負け続けるわけにはいかない」と次の手を考えていた。

母キレル③

　理性をどうにか保ちながら怒りまくっていたが、その一方で過去、やはり自閉症息子を育てる際の色々な外部環境との過去のやり取りを思い出していた。外部環境との過去のやり取りとは、

①幼児期＝保育園／とある療育機関

②小学1年〜小学3年＝通常級の担任 その後管理職、最終的には教育委員会

③小学6年＝特殊学級の担任、管理職…とくるわけか。

　①と②の過去のやり取りを思い出してみると…空しくなってきた。

　①の経験はここでは割愛する。…まあここの経験によって、ある種の教訓を得ただけでも儲けもんか。「子供をどう育てたいかは、親がちゃんと基本軸を持つべきなのだ。療育専門家に丸っきり依存するべきではないのだ。だって彼らだって絶対いつも正しいとは限らない。間違えることもある！」とね。

　②はなあ…、2001年はまだ発達障害児に理解がない時期ではあったが、そこの小学校だけ特に際立ってそういう子供について無関心だったのに我慢がならなかった。このときも感情にかられず、淡々と粛々と冷静なケンカをしたと記憶している。

　発達障害児について無関心というのは、そこの小学校は

Ａ：既に市内で活動していた〈特別支援教育コーディネーター〉という存在を何も知らず、

Ｂ：市の教育委員会主催／教師対象／（多分）タダの〈発達障害児対応の勉強会〉を完全にすっぽかしていたからだ（出席者ゼロ）。

　教育委員会側は「我が市では、特別支援教育についてちゃんと各学校ごとに対応している」と当初主張するので、では！ と、現場の教師の特別支援教育についての知識がどれほどのものかを証拠を突きつけてみた。〈ＡとＢの関係者〉の名前を「この人たちはどなたですか？　知りません」と記録していた用紙を見せたのだ。その際に、「ちゃんとその小学校が軽度発達障害児に対応しているなら、ワタシもここまで言いません。でも、現実はどうです？　無関心であることに何の疑問も持っていないじゃないですか？　無関心なのを正当化して、息子ばかりを責めるのはいかがなものか？　これからも息子みたい児童はドンドン学校に入ってくるんです。このままでいいのでしょうか？」と訴えた。

　教育委員会側は、「その小学校にはちゃんと指導します」とは約束してくれた。だがその後も色々あり、やはりマイノリティ（少数派）の意見なんぞは現場の教師側にはシカトされがちではあったよな。だから、もう通常級に期待するのをやめた。

　ただし、息子が特殊学級に転級後とほぼ同時に、息子以外の軽度発達障害児の存在に対応せざるを得なくなったらしく、息子がそこを去って３年後には主に低学年対応のピア・ティーチャーを３名入れていた。ピア・ティーチャー３名だってよ！

　各学年約25人×２クラスの人数の〈少子化の学校〉に〈３名〉

も雇用してんだぜ。息子が在籍中は「どの先生も忙しい。補助の先生を雇うお金もない」と聞いたがな。そうか３年経つと予算が計上されたんだね。フ〜ン…あっそ！　よかったね。

　①と②の経験で心底思い知ったのは、教育者側は「自分たちが正しい。親が何か訴えても『それは親のエゴだ』」と捉えているらしいことだった。だから、今回の冷静なケンカも「いくらこちらの意見が例え正論だとしても！　ナンダカンダとなし崩しにするかもしれない」と危惧していた。要するにある種のワタシの中に巣食う「人間不信」なのだな。この「人間不信」について、障害者教育関係者に相談したら、こうアドバイスされた。

「ともかく、保護者が『障害のある子供を理解してください』と主張しない限り、学校は変わろうとしません。だからしんどいけれど、もうひと踏ん張りして戦ってください。あくまで『〈学校〉と〈家庭〉がお互い協力し合って〈ハンデのある子供〉を育てましょう！』と訴えてください。管理職側が、保護者の主張に納得したら、徐々に改善されます」

　当事者の息子はそういう親の、のたうち回るような気持ちについて関与せずマイペース気分で毎日をお過ごしだった。（さて結果は？）

母キレル④

　様々な葛藤の中で、ともかく〈保護者が連絡帳に何ページも主張した文章〉について、まず担任側がどう反応及び対策を練るのか、内心腕組みをしながら待っていた。「さあ、どう言い返す？　受けて立つわよ」とジッと様子を眺めていた。そうしたら、「２週間後の２学期の個人面談でこの件はお話したい。面談日の都合は如何しますか？」とだけ返された。顔をあわせても、担任の誰もがシレッとしていた。完全な肩すかし！　こちらの力作の文章について、何かしらひと言コメントくらい出せや！　と内心ヤキモキした。「でもね、今度ばかりは『学級内でどうにか内密にカタをつけよう』って訳にはいかないんだよ。こちらの疑問・主張を密室で適当に処理されては困るからね。全部逐一管理職に情報を渡したしね」とニヤッともした。また、同時に「…フン、２週間か。ではその間にこちらも更なる資料その他をあの手この手で加えさせてもらいましょ。…それは〈主治医の意見書〉だ！」と考え、早速主治医の予約を入れた。「そして個人面談には、オット付きだからな（学校側は、男親には弱い）」なーんて考えていたら、管理職側が先に動き出した。

「２週間後の個人面談まで待っていると『間』が空いてしまいますので、次週月曜日の朝、管理職も交えてお話をしたい」と日曜日に電話を我が家にしてきた。「…おや、少しは動きが出

たか。よっぽどこちらの〈連絡帳での主張〉の文章に感銘を受けたのか？　さてここで管理職側がどう出るかだな？」オットに「月曜日の午前中、一緒に来て」と伝えたら、会社の仕事が多忙なのかブスッとしていた。いいじゃん、それくらい。

　ワタシがキレまくっている間、あなたは海外出張中だったんだから。その後の土曜〜日曜も会社の慰労温泉旅行で伊香保温泉に行ったでしょうが。

「コンパニオンいたんでしょ？　呼んだんでしょ？　どうだった？　赤いミニスカートでさぞ楽しかったんでしょ？」と質問責めをしたら、「コンパニオンはいたけど知らねえよ」と無愛想に返された。いいわね〜、湯けむり、美女コンパニオン、オヤジの宴会〜。

　なんか話が違うほうへ行っている…。

2006・12・06（水）
母キレル⑤

　今までワタシも深くは考えていなかったことが、今回の件で見えてしまったのだった。それは通常級では〈男女の違いについて〉とかの〈性差について・道徳授業〉などは、小学3年生くらいから、徐々に段階を踏んで学習させているのに、特殊学級ではそういう授業はほとんどないに等しかったのだ。通常級では、年子妹に聞いたところこういう内容だったらしい。（まだ途中だけど）

・小３＝おしべ・めしべについて

・小４＝月経と精通について

・小５＝不審者対策、危険なところへ行かない…等々。

・小６はまだわかりません。知り合いの子供に聞いてもいいけ
　ど、それこそ不審がられる。

　小４の保護者会では、当時の担任が（そういう授業を受けた後の）子供の感想文を色々紹介していた。「（男子）そういえば、朝下着が濡れていた」とかの文章を聞くと、保護者同士「んまあ〜」なんて妙に恥ずかしがったもんだ。通常級では、そういう教育はきめ細かく実践しているのに、特殊学級では何にもしないってこれってどうなんでしょ？「障害のある子に、そういうこと教えてもしょうがないでしょ？」なんて見限られているような感じですな。

　でもね、障害児で知的に遅れがあろうが体は年相応に大きくなって大人になっていくわけだし、そういうハンデを抱えているからこそ、正直健常児より〈性的犯罪〉に遭遇するリスクも高いと言えるでしょ？　だから健常児のそういう授業より、もっときめ細かく（本人たちに理解できるように）早い段階から少しずつ教えていく必要があるのではないかね？

　そういう手間を全然かけずに、ただ子供のしたこと（スカートの下を覗こうとした行為）を槍玉にあげるから、逆にワタシは怒ってしまったわけだ。それとも「障害のある子のそういう教育は保護者の責任でしょ？」と言われてしまうのだろうか？では、保護者に学校のそういう性差について、道徳授業の際の

教材（ビデオ、スライド等）を貸してくれたまえ。そして是非保護者に〈授業のやり方、指導〉をレクチャーしていただきたいものですな。障害児の保護者は、やり方がわからないんだよ！

　話はちとずれるが、息子のこういう行動を考えると今話題の日テレドラマ『14才の母』をつい突き詰めて考えてしまう。（ワタシは全然観てないけど。年子妹にも見せていない。でも、ヤ○〜のドラマ掲示板はロムッているけど）主人公２人とも、偏差値の高い私立に通っているんでしょ？　つまり知的能力が高い＝頭が良い。ああそれなのに（浅はかにも・その場のムードに流されて・避妊せずに）コトに至って、「妊娠！」そして今日は「命をかけた出産！」かい？　この２人、一体何のために一生懸命お勉強してきたのか？　せっかくの今までの知識もお勉強も、２人の性欲には〈理性と言うストッパー〉がかからなかったのかね？役に立たないもんだ。「愛という名のもとになら、ナニをしてもいいのよ！」ってか？　いいのか？　それで？　障害のある子がちょっとそういう〈性を感じる行動〉をしてこんなにギャンギャン怒られる一方で、健常児なら「私たち愛し合っているのよ！」の一言で済んでしまうのか？
「不公平だ」と１人フンガーとブックサ言っていたら、オットが「何TVドラマで熱くなってんだよ。現実と混同するなよ」と言った。ちなみに、近所のとある家庭は、家族全員でこのドラマを観て泣いているそうだ。「もしも、自分たちにこういう事態が降りかかったら〜」と思いをはせながら観ているんですと。そして、今日もあちこちの家庭で泣きながら「ミキちゃん、ガンバレ！」なんて応援するんだろうな〜。でも、難産なんて

どの年齢でもあるはずだけどね〜（と、経験者は語る）。

　さて、管理職との話し合いはどうなったかと言うと…（スミマセンね、まだ続くんです）。

父語る①

　さて『母キレル⑤』の続きである。TVドラマみたいに前回までの経過のおさらいをサラッとしておこう。

①特殊学級クラス全体の合同授業（大きな絵を描く課題）で、クラス全員（1年〜6年）が床に腹ばいになって絵を描いていた。

②クラスメイトの中に高学年女子でスカート姿の子がいた。

③その女の子のスカートの下を、息子が覗こうとした（性的興味か、単なるおふざけかは？）。

④担任全員に〈スカートの下を覗こうとした行為〉についてこっぴどく怒られまくる。下校時にも説教をくらっていた。余程担任は頭に血が上っていたらしい。

⑤帰宅後「何かが違う」とワタシは考えた。息子の親からすれば「なんで合同授業課題だとしても、高学年女子がスカート姿のままで床に腹ばいにならなければいけないのか？　普通その年齢の女子がそういう格好を人前でしていいものだろうか？　たとえみんな仲良しの特殊学級の中だとしても」と疑

問が湧く。

⑥「特殊学級であろうとも、年相応の男女の扱いをしないのは何事だ！」とワタシが怒り出す。ましてクラスの子供は知的に遅れがあるハンデを抱えているのだから、担任側が常日頃気をつけるべきなのではないか？　とも考える。

⑦そこで「今まで、そういう対応（年相応の性差教育など・思春期対策）をしてきたのか？」と担任に質問したら「全然やっていません」という答えだった。

⑧今までのお粗末なクラス運営に我慢をしてきたが、この件についてついにワタシはブチ切れる。「いいのか？　これで？」という一念で、管理職に問いただす。（※今までのことはただ黙って我慢してきたわけではないが、いつもこちらの意見を軽んじられていた）

⑨こちらの余りの怒り様に、管理職側も焦ったらしい。管理職側から「２週間後の個人面談より前に、緊急に話し合いをしたい」と接触をしてきた。

　さて、当日オットは「オレ仕事つまっているんだから、９時30分くらいまでしかいられないぞ」と言っていた。「なんだ。じゃあ今日は、とりあえず〈スカートの問題〉だけで終わらせよう。どちらにしろ、個人面談用の主治医の意見書は、今はまだ準備できない。ある意味こちら側の武器がまだ完全に間に合っていない」と考えた。チラッとオットに手元の自家製資料を見せたら、「そんなの今日はいいだろ？　来週もあるんだから」とけん制された。

　今回〈オット（父親）も同席〉というのは、相手側との交渉

時における単なる人数あわせではあったのだ。〈相手側が3人（校長・副校長・担任）対ワタシ1人〉としたら、あちらのほうが発言する口（クチ）が多いではないか？　こちらが1人だと、それだけで不利な状況にある。オットは本来余り饒舌ではないのだが、ジッと相手を見つめているだけである種の威圧感は与えてくれるであろう。ホント、学校の先生って口（クチ）はお上手なんだから。さすが口（クチ）を商売道具に使っている人々ではあるよ。更に加えて〈学校独特の理論〉を持ってきて、こちらに応戦するからね。生憎ながら〈学校独特の理論〉をワタシは、知らない。だけど〈障害児を育てるときの心構え〉は訴えられる。「〈学校独特の理論〉に上手く丸め込まれてたまるか！」と鼻息荒く学校へはせ参じた。

　結論から言うと、校長と副校長からの「配慮が足りなかった。意識が甘かった」との一言を獲得した。
「あなたの連絡帳を読んで、こういう問題（思春期対策・児童の常日頃の身の処し方について）は学年関係なく、通常・特殊学級関係なく、学校全体で考えなければならないと思いました」
「特殊学級でも、思春期対策についての授業も、課題に付け加えることにします」と約束はしてくれた。「そうしていただけるんですね？」とオットが確認を取る。オットの制限時間が迫ってはいたのだが、まだ別の話が続く。
　こちら（保護者）の言い分を認めたついでに、今までのこちらの不満を語ってもらおうという方向に話が流れた。要するに、学校側が下手に出てきたんですな。ポツリポツリと言ってみたが、なんせタイムリミットが迫っていた。〈1学期の授業参観

についての不満〉を訴えた。

「いつもあんな授業していたら、子供が困ると思うのですが。（オットを振り返って）2学期の授業参観ではどうだったの？」とオットに話を向けた。そこで、オットがついこの間の2学期の授業参観の様子について、語りだした。その日はワタシは年子妹の学校のPTA行事だったから、オットに任せたのだ。帰宅後、オットがいつもと変わらず無口状態だったため授業内容をこの場でワタシも初めて聞いたのだが、「なんじゃ？　そりゃ？」であった。オットの口から出た、衝撃の事実とは？

2006・12・12（火）

父語る②

　以前ワタシは『世界で一番受けたくない授業』という内容のブログを書いていた。オットが2学期の授業参観時に見た〈算数の授業内容〉も1学期と負けず劣らずの内容だったらしい。後日主治医に図解入りで説明したら、「初めてこんな授業内容聞いた！　信じられない！」とやっぱり呆れられた。

　とある計算問題で、デタラメに数字を入れて、計算をさせる⇒そうすると、本人の考え次第で〈計算問題の内容と答えすべて〉が変化してしまう。気分次第で内容がコロコロ変わる。これって「本人が問題を自ら作ることによる、独創性を育てる」って狙いか？

　オットは、「こういう計算問題って、余り本人のためになら

ないのでは？」と担任に質問する。担任が何か弁解をしていたが、耳に入らなかった。

　まだ相変わらず「隣の席の子と一緒に意見を言い合って、問題を解く」というスタイルに固執しているのか。これって、「違う意見を言い合ったりすることで、お互いのコミュニケーション能力を高める」って狙いか？　あの～、クラスメイトも息子も自閉症なのだから、〈相手の意見をよく理解する〉というコミュニケーションの課題は生涯続くものだから、算数問題自体でどうにかなるものではないのだが？　と言うか、算数でそういう〈意見を言い合う〉ってことする必要あるかねえ？　だって算数だよ？　普通だったら正解回答なんか１つだけじゃないかね？　特に単純計算なんぞはね。担任は、まーだ「自閉症児の子供が〈意見を言い合ったり、相手の言い分を聞く〉のがよい授業だ」と思っているのだねえ。「もう、これって何の主義？」って考え込んでしまったワイ。

　制限時間があったせいで、ある意味この回の緊急面談は、ワタシの中で消化不良を起こしてしまった。プンスカと文句を言っていたら、オットが「なら、面談のときにお前ももっと言えば良かっただろ？　オレに当たるなよ！」とキレタ。制限時間をつけたのはあなた（オット）でしょうが～。とこちらも腹を立てる。

　それにしてもなあ、どうして「発達障害児の小学校教育」ってこんなにストレスフルなんだろうか？　どうしてここまで保護者が動かなければ、改善する方向へ行かないのだろう？　「イ

ヤ、そんなことはない。上手く行っているところ（障害理解が進んでいるところ）はある。ここがよろしくないのよ。ともかく、〈授業内容の改善・個別指導計画の見直し〉は必至だな」と考える。「担任の教育信条・主義に、〈自閉症児の障害特性についての理解〉が塗りつぶされてたまるか！」と決意する。

　主治医の簡単な意見書をもらい、それを元に新たに手書きで説明文をご丁寧につけた。主治医には、「こういうタイプの担任は、なにかしらイデオロギーを持っているから、ひょっとしたらボクの意見に逆に反感を持つかもしれない」とクギは刺されたが、「でも、こちらにも〈自閉症児との関わりあい方についてのイデオロギー〉があるから」と答えたら、「それはイデオロギーじゃないよ。当たり前のことを訴えているだけなんだよ」と返された。

　当たり前のことを訴えるのも、メチャクチャ頭を使うハードワークだよなあ〜。

父語る③

　さて、2回目の個人面談では〈ワタシとオット〉と〈クラス担任と副校長〉の組み合わせであった。

「先日はどうも」とお互い大人の挨拶をしながら、担任がおもむろに「〇〇君、6月の移動教室のときも落ち着いて通常級の子と一緒に行動できて」（あなたのお子さんは、こうやって成長して

いますよとでも伝えたかったらしい）と言い出したら、すかさずオットが、こう切りかえした。

「あの移動教室は、ワタシたちが家庭内で（本人が不安なく移動教室に参加できるように）いろいろ裏で努力したからです。そういう努力があったから、彼は無事あの学校行事に参加できたんです」とキッパリ言い切った。暗に「学校側の尽力で、息子の移動教室は無事クリアーできたのではない！　ワタシたち家族が、裏で努力をした成果だ」と言った訳だ。

　オット、よく言ったよ。あなたが言ったことで、さすがの鈍感担任もハッとしただろう。思わぬ反撃に言葉が詰まった担任に「えーい、もうドンドン言ったれ！」と思ったワタシは、「では、以前2回観た〈授業参観〉の様子を元に、こちらの『個別指導計画の改正』をこうお願いします」とお手製レポートと資料をダダダダ～と読み上げた。ご丁寧に、コピーをプレゼントもした。担任側としたら、〈自信満々でやった授業参観の内容〉をここまでこき下ろした（ダメ出し）保護者なんて、初めてだったではなかろうか？　でもね、同情の余地はなかったのだよ。それで担任側のプライドが傷ついたとしても、このまま迎合するわけにはいかなかったのだ。

　今回のお役立ち資料の中で東京都教育委員会が平成18年3月に発行した『**自閉症の児童・生徒のための教育課程の編成について／新たな指導の形態として「社会性の学習」の創設**』ほど素晴らしいものはなかった。そして、主治医の意見書（とてもシンプルでしたが）も追加したのもポイントは高かったですな。学校側としたら〈都の教育委員会が発行した資料〉だから無碍

にもできないし、児童精神科医の意見書も、同様に無視できない代物ではあった。でも実はこの資料2つ共、内容が丸っきり同じでしたよ。本当は〈自閉症児者と接する際の、当たり前（普遍的な）の内容〉だったが、ここまでくどく訴えなければこの鈍感な方々には浸透しないんだよね〜。

　この個人面談の次の日はその学校で〈研修授業〉とは知ってはいた。だが、まさかそれが〈心身障害児の授業研修〉という内容で、息子を含めた特殊学級の授業についての研修であちこちの学校からの見学者が特殊学級のみに来て、授業を見学していたとは知らなかった。つい「ブラックジョークか？」とつぶやいていた。

　最後に一言。ワタシらは個人面談はやったが「もう担任の顔は絶対見たくない！」という他の保護者もいて、その方たちは、個人面談ボイコット中なのだ、とだけここに付け加えておく。ねえ〜、どうよこれって？

2006・12・13（水）

その後の顛末と、
自己肯定感について

　こちらがすさまじいほどのエネルギーをかけて学校側と交渉をしたので、かすかな改善の兆しは見られつつある。まだ油断は禁物だけど。

給食は〈本人が「これくらいの量なら全部食べられる」とい
う分量を具体的に示して⇒完食〉という形をとっている。連絡
帳には「▲▲を３つ食べました」と毎日記録してくる。その他
の〈中学進学に向けての身辺自立〉も対応してくれている。管
理職が「配慮が足りなかった」と言ったから、直接の特殊学級
担任から同じ言葉をもらえなかったとしても気持ちを切り替え
ることにした。

　こういう出来事の後に、今年夏から週１回息子の勉強を１
時間見てもらっている、Ｈ市のとあるＮＰＯ法人で「親（ワタシ）
の面談」があった。初見のそのＮＰＯ法人の所長（学校心理士で
もあるらしい）とは、今ちょうど悩んでいる〈学校について〉の
話ができるのか？　何かいい助言が得られるかと期待してはせ
参じたのだが、終わった今は悶々としている。こちらはやっと
大きな山（トラブル）を乗り越えて一種虚脱状態だったのだが、
その方からは新たな断崖を指し示されて「ホラ、まだあっちに
もあるよ。あっちのほうが厄介だよ」と言われたようなもんだ。
「お宅のお子さんは自己肯定感が育っていない。自尊感情が低
い」ってそればかり言われた。
「今のお母さんは、料理の腕を上げようとして、一所懸命腕立
て伏せしているようなものです」
「お母さんは、もっと自分の人生を大事にして」

　親が出向いて学校側と話し合いを持った直後に、自分の人生
を大事にって言葉はとても虚しく響く。たかが週１回の１時
間息子の勉強を見ているだけで、その他の時間に今までウチラ

親子に何があったかあなたにわかるのか？　ここ数ヶ月の学校との間の諍いを何にも知らないくせに、知ったかぶりでこちらにご教示するんじゃない！　大体このNPO法人は〈学校関係で相談〉となると、別途特別料金を徴収するじゃないか？「なんで、学校の体質改善のためにワタシが自腹を切る必要があるのよ？」と納得いかなくて、だから殆どすべて自力で大きなトラブルを乗り越えたんじゃないか？　あなた方の助けなんかほとんどもらっていない！　こちらが困っていても何もしてくれなかったじゃないか！

　…とジワジワ怒り出したのは、その面談から２日後以降ではあるのだが。面談直後の日と次の日は「自己肯定感」とブツブツつぶやいていた。「子育てについて自信喪失傾向・自尊感情相当低め」のワタシであった。

　それにしても、こういう面談のやり方では（相手を不安にさせて高額なグッズを買わせる）占い師と同じだと思う。まだシャクにさわっている最中なので、ついオットにもこう言ってしまった。「そのNPOでの面談で、お父さんは本当に子育て手伝ってくれてるの？　って聞かれたよ」オットは無言だった。本当に困っているときには何もしてくれないのに（お金を払えばやってくれるらしいが）、保護者をやたら上から目線で見下しているさまにガッカリしたワタシは、このNPO法人からはフェードアウトすることにした。

主治医と話す①

　先週は、都心へお出かけが多かった。そのうちの１つに主治医のところへはせ参じ、今までの経過報告もした。主治医の第１声は「どうですか？　じゃなくて、どうなりましたか？　だね」だった。そのときに『自己肯定感について』ちょっとだけ聞いてみた。

　話を伺って「え？　そういう訳なの？」とワタシ独自で解釈をしてみた。それが果たして合っているのかいないのかは？　なのだが、とりあえずここに書いておこう。〈発達障害児の自己肯定感〉ってこうじゃなかろうか？

　主治医曰く、ワタシの息子は「自己肯定感が育っていない」というより「自己肯定感が育ち辛い、育てるのが難しいタイプの子供」とのことだ。「どうして育ち辛いのですか？」と質問したら、「障害特性（コミュニケーションの問題／感覚の問題／認知の問題）によって〈人と関わろうとする力が脆弱〉だから〈人とつながりを求めようとする力が生まれつき弱い〉。つまり、〈自然に（本能的に）人に頼る能力が薄い〉から」と。
「それはどういう？」「例えばシンプルな知的発達遅れの子なら何か自分が理解できないことがあっても（人に頼る能力が備わっていれば）それほど混乱はしない」「ああ、そうですね。息子以外の知的発達の遅れのみの子供は、何か特別なことがあっても大概平気な顔してますよね」「特性のせいもあるけど、そうい

う（本能的に人に頼る）ことができないから、息子さんみたいな子は不安になったりこだわりが発生するでしょ？」

　そう説明されて、色々息子が赤ちゃんの頃を思い出す。
　抱こうとするとそっくり返るのは（本能的に）〈人に頼る能力が薄かった〉からなのか〜。多動だったのは〈人とつながりを求めようとする力が生まれつき弱い〉からなのか〜。多々色々と、思い当たる事柄を思い出す。
　つまり「（親が）息子の自己肯定感を育てていないのは良くない」ではなくて「息子の自己肯定感を育てるのはその障害特性ゆえに難しい」と言ってくれればもっとスッキリしたんだ。
「ではどうすれば、育つんです？」とまた質問したら、「こちら（親及び周囲の人たち）が、息子本人が理解できるように、コミュニケーションを工夫するのが大事です」「やっているつもりですけど」「親だけの問題じゃないから。そのときその場所によって（自己肯定感の育ちについては）育ち辛さは複合しているから」
　そうかもしれない。時期が来て、人とつながりを持とうとする能力が芽生え始めた頃（それは健常児より遅れてやってくる）は、ちょうどその頃は周りの人間との協調性及び社会性を強く求められるキツイ時期と合致するから、せっかく芽生えた能力も伸び悩み、やがてそれは〈自信喪失傾向〉のマイナスに向かってしまうのではなかろうか？　だから親の対応に問題がある⇒自己肯定感が低いとは断言できないんだ！　親は、負い目をそれほど感じなくてもいいんだ！　と解釈した。それにしても「お母さんは、自分の人生を大事に」なんて言葉より、わかりやすい。

主治医と話す②

　教育関係者から「息子の自己肯定感が育っていない」とワタシ（母親）が言われがちな理由は、多分あれだろう。息子は大げさに褒められるのが苦手なのだ。

　息子はホント幼児期から「よく頑張ったね～、偉い、えらい」なんて言われると「偉くない！　そんなこと言わないで！」と逆ギレしがちだった。つまり褒められると動揺するんですねえ。当時も幼児期にかかっていた医者さんにその件を相談したが、そのときは「自分の気持ちがくすぐったいのを、どう表現していいかわからないのでは？」と言われた。よく〈子育ての基本〉に「子供は褒められることによって伸びる」なんてあるのだが、どう見ても逆の方向へいつも行きがちだった。そして何回もそういう経験（褒めるとキレル息子をいつも見ること）をワタシ自身がしてしまうと「本人の情緒の安定のためには、大げさに褒めてはならないだろう」と考えて、教育関係者にはその旨を伝えていたのだが、それがどういう訳か「この子は褒められる経験が今まで少なかったから、些細な失敗とかに動揺しがちだし、褒められる行為を叱られていると逆転換しているのだ」つまり、「自尊感情が低い」となってしまい「親が叱ってばっかりいるからだ」と解釈されるのだねえ。

　主治医にその辺も伺ってみたら、「周りがいいと言ったことでも、本人はそう感じないこともあるからねえ。本人からすれ

ばそんなの当たり前だとか、褒められるに値するものではない
と思っている」と言われた。周りが「あなたってすごーい！」
と言う内容でも、本人からすれば「それのどこが！」と逆にムッ
とする経験は…一般人にもあるでしょうな〜。ウン、確かに。

　自分の経験を語るのもナンだが、ワタシが通った２年生のと
ある専門学校は〈セレブなお嬢様学校の２年制〉だった。自分
の親は別に大企業の幹部でもないし、財閥一族でもなかったの
だが、社会に出ると「セレブなお嬢様学校出身＝あなたはお嬢
様」と思われるのに、非常に違和感があった。「この子、本当
のお嬢様で」と会社の上司が他の人へワタシのことを紹介する
と本気で内心怒っていたなあ〜。「お嬢様」という言葉が一時
嫌いなときもあった。
　…なるほど、息子の人知れずの〈周りからすごーいとほめら
れることについての、自分の気持ちの違和感〉が少しわかって
きたぞ。多分これと似たようなものじゃないだろうか？　どう
だろう？　こういう風に解釈すれば、息子の謎の行動も解読で
きるのかもしれないが、どうも世間というのは「子供とは本来
こういうものなのだ」の一元的な物差しで解釈しがちだ。
※一元論…物事を１つの原因、原理で説明しようとする説

　まあでも、そういう息子のキャラを差し引いても、彼は一般
の子供より〈褒められる経験は確かに少なかった〉し、ワタシ
も〈「あなたの子育てはよくない」と非難されがち」でしたな。
それは否定しません。

主治医と話す③

　あーでこーでと今までの特殊学級での経過報告をした後、主治医がこう聞いてきた。

　主治医：「それにしてもどうしてこうなんだろうね？」

　ワタシ：「それは、多分、担任たちの気持ちのどこかに〈どーだっていい〉という考えがあるからでは？」とワタシは答えた。「〈どーだっていい〉という意識があるから子供の将来のことなんか余り考えなくて、担任をしている１年間だけをいかにやり過ごすかのみ集中しているのでは？　だから、指導が表面的になりがちで」

　主治医：「〈床にスカートで腹ばい〉が、どうしてよくないのか、その女の子に後々どう影響するかまで考えないとねえ」

　ワタシ：「そうですよ、その女の子の（無邪気ともいえる）意識の低さに、ただの赤の他人のワタシが焦りましたからね。でも面談の次の日、研修が息子の学級であって他校からいっぱい人が見学に来ていたんですよ」

　主治医：「（ちょっとビックリして）どこも研修ばっかりしているんだよね。何を勉強しているんだか」

　今回主治医のところには〈過去診断を受けた他病院のデータ〉も持っていった。他病院（２件）で低学年時に受けた検査

（WISC-Ⅲとk-ABC）をこの日のために保管しておいたのだ。他病院を通院するのを辞めたのは、やむを得ないという面があった。とある病院は〈平日訓練〉というのがあり、それが都心で朝早い時間だったし、通勤ラッシュに揉まれるにはまだ心身とも弱かった息子と母だった。遅れそうになって汗をかいて飛び込んだらビシッと叱られて、正直親のほうがビビッた。「無理だ、通いきれない。あの電車の混雑さには対応できない」

　また別の病院はやたら〈軽度・知的遅れがない子〉が利用していた。そしてその子たちの保護者は大概「自分たちがいかに大変か。通常級に居ざるを得ない自分たちの子供が一番可哀想だ」とよく言いがちだった（いや、息子も小3まで通常級だったけどね）。

　当時は〈通常級にいる軽度発達障害児の問題〉がすごくクローズアップされていたから、親もその気分になっていたのだろう。だから病院側もそちらに力を入れざるを得なかったんだろう。数少ない療育もそういう子限定だった。「なんかなあ。居心地悪いや」と感じていた。

　そして当時この2つの病院とも、検査結果を見てひと言「あなたのお子さんは特殊学級に移ったほうがいいですよ」の結論を下した。「特殊学級にさえ移れば、今の苦労から抜け出せるよ。あなたの子には通常級はきついですよ。そこできちんと対応してくれれば、療育に力を入れなくてもいいでしょ？」とありがたくご教示してくれた訳だ。今だから断言できるが「特殊学級に移れば、何の悩みもなくなる」とは決して言えない。どこの学級にいようがまず〈障害特性の理解〉がなければ、苦悩は続くのさ。

2007・03・09（金）

病気グルグル〜

　３月２日の夜あたりから年子妹がノドが痛い、熱が高いやらで「今日は楽しいひな祭り〜♪」どころでなくなったのを皮切りに、海外出張から帰ってきたオットが「上の親知らずのせいで、他の歯が欠けた」と言い出し２本抜歯して、とどめに息子が「ハナが止まらないん〜！」と一緒に高熱も出たので病院へ連れて行ったら「インフルエンザＢ型です」と診断されてしまった。「そうさ、この家族は全員一斉に具合が悪くなる時期が年１回はあるのさ」とわかってはいたけどね。ワタシも妙な筋肉痛で寝込んでしまった。

　しかしながら、自閉症スペクトラム息子がこの時期に学校を休まざるを得ない事態に「まあこれでもいいか」と実は内心ホッとしている自分がいる。３学期だし、もうすぐ卒業だからってこの時期色々学校行事が学校で目白押しなのだ。「もう小学校ライフもお終いだから、目一杯楽しい思い出を作って！」なんてこちらは頼んでいないのだ。ともかくほぼ毎日イレギュラーな刺激的な日々が続く。

　刺激的な日々が楽しい子なら別にどうってことなかろうが、あいにくと息子には負担がかかる日々でしかない。「慣れろ！」と学習させられても、そういうのが生来苦手な特性なのだから、メンタル面の疲労が他の子より溜まりやすい。そして息子のメ

ンタル面に過剰にかかる〈負担と緊張の連続〉に、「もう少し頑張って」と親が叱咤激励する気…は今のワタシにはない。ゆえに「だってインフルエンザだも〜ん」と正当な言い訳ができて、今週あった音楽発表会は出られなかった。その夜担任から電話がかかってきて残念がっていたが、「それが何か？」て言いそうになったわい。ホントは来週前半にある学校行事も休めないかと考えているのだが、どうも回復が早い。「でも、インフルエンザだから熱が下がっても更に2日は休まないとダメだしね〜」と本人の様子をチロチロ見ている。

「よし、まだ食欲が元に戻っていない。まだまだだな」ちなみに〈タミフル〉は今回は処方されなかった。

2007・03・30（金）
インフルエンザウイルス・虚無型

　ここ1ヶ月あたりワタシがインフルエンザ虚無型に罹り中である。まだ治りそうもない。このウィルスによる病状は

　①無気力　②無感動　③虚しい…の三無症状が著しい。そもそも、なぜこのウィルスにやられたかと言うと、とある真実に気づいてしまったからだった（注：もし本書を読んで、ワタシと同じ症状が出ても当方責任は取れません。悪しからず）。

　とある真実…「小学校って、長い間学校へ通わなくても（俗に言う不登校）卒業できるんだ！」

小学校６年間のいくばくかの時期を、何らかの事情で不登校になったとしても〈卒業証書〉って何の問題もなくもらえるんですな。ごく身近な例だとそういう訳だった。つまり、小学校という社会生活にどうにか適応させようと必死になろうが、逆にそこから抜け出して（逃げても）、結局は同じゴールが待っていたのだ。「終わりよければ、すべてよし」てなところか。なんかそうなってくると、いままで血を吐く思いで息子を学校という〈社会生活〉に適応させようと必死になっていた自分が「馬鹿だな」と思ってしまったわけで。

　そう感じると、今までの〈血を吐く思い〉がフラッシュバックしてしまった。「あの子さえいなければ、掃除が静かにできるのに」「どうしてわがままなの？」と通常級にいた間クラスメイトに言われたり、息子が書くデジタル文字（カクカクしている）を「そういう書き方はよくない」と無理矢理矯正されて癇癪を誘発させたり「休み時間は皆と外で仲良く遊ぼう」と指導されるのを嫌がると「協調性がない」と困った者扱いを受けたり、「給食は全部食べなさい」とばかり言われ続けてしまうと、癇癪を起こして給食を台無しにしたり、学校の特別行事がある当日「学校へ行きたくない！」と喚く息子を無理矢理引きずって学校へ押し出したり（…これは本当に辛かった）。「そんなに嫌なら、もう行かなくてもいい！」とワタシがキレルと、オットが「それじゃあダメダ！　癖になる」と泣き喚く息子を連れ出したりもした。

　こういう経験を重ねると、親のワタシ自身が〈学校の特別行事に対して嫌悪感を持つ〉ようにまでなってしまった。６年間

の長く重い歴史…。いくら卒業式を最後に立派にやり遂げたとしても「そんなこと大したものじゃない」と思っちまったな。そもそも「卒業式本番は、お父さんだけ来てください」とご本人様から宣言されちまったしね。本人の希望通りにしないと癇癪が出そうだったので、その通りにした。リハーサルは観たから本番はどうでもよかった。しかしリハ観てるだけで胃痛に襲われてしまった。卒業してしまった今更になって「そこまで必死にならなくても良かったのか」と鬱々としている。

　多分〈学校へ行かない〉という選択をしていれば、〈なんたら適応教室〉に週何回か通って、大人の指導者数人のみに丁寧に関わってもらって個別指導となっていただろう。無理矢理（協調性、社会性）とグイグイ強制されることもなく〈触れると壊れそうな脆い子〉扱いしてくれただろう。本人にストレスがかからないように配慮してくれる環境が用意されていた筈だ。事情を知らない周囲には「学校へ行きたくても、行かれないの！」と言っておけば「そうか、可哀想に。早く来れるようになるといいね、みんな待っているよ」なんて同情されたりして。そうやってゆったり静かに過ごしていれば、学校出席扱いにカウントされていただろう。

（実際の様子は知らない。あくまで推測でこう書いているが）「あの子さえいなければ」と陰口言われるより「学校に来たくても来れないのか」と同情を買ったほうが相当マシであったのではなかろうか？

　ここ数日、不登校に関する書籍を図書館から借りて読んでいるが、そこには「不登校をすることでの、心の苦しみはものす

ごいのだ！」なんて〈元不登校児が著わした本〉に書いてある
が、「学校という社会生活に適応させようと必死になるほうが、
何倍も苦しいワイ！」と叫びたくなる。そして「そうやってど
うにかこうにか適応したとしても〈自閉症〉であることには変
わりないのだ！　どうしても、周囲とずれた行動をしてしまう
のだよ」とも。

　…という訳で、オットにある日こう言った。「もし、中学で
担任とソリが合わなくて不適応を起こしたら、もう無理しない
よ」
　オット「で、どうするの？」「もう無理して学校行かせない。
フリースクールとか探す」
「中学に行く前から、何言ってんだ。馬鹿かお前は」と思いっ
きり言われてしまった。

概要②

　自閉症息子は特殊学級の小学校を卒業後、公立の特別
支援学級のある中学に通い出す。中学になってから、特
別支援学級のクラス人数がいきなりズンと増加する。狭
い教室の中では「これ、発達障害じゃないだろう？　み
たいな生徒」が入ってきて、狭い教室の中で弱肉強食の
世界が広がる。

　親の老化もドンドン加速する。加速すると娘のワタシ
への依存度が高まる。学校と親の介護で板挟み…。

たかが、されどPTA
〜個人的事例研究①〜

　PTA本部役員について色々語っていたのだが…。自分は書記業務／3人いるうちの1人だったが、後の2人のうち1人は〈バリキャリ〉（バリバリ外で働く保護者）と、もう1人は〈パソコン使えません保護者〉だったので、自然と書記の仕事の比重が自分にのしかかった。

　しかし「なんか、PTA書記の仕事はワタシばっかやってないかい？」なんて愚痴っているうちはまだよかったのだよ。だって「ともかく、自分の担当業務を真面目にやっていればいい筈だから」と思っていたからね。それなのにさ、なんで4月の決算時期になってからの会計業務の手伝いまでしなければいけないのだ？？

　…と言うか、会計さん2名の出納帳の内容が「訳わかんね〜！」状態になっていて「決算報告ができなーい！」状態になってしまい、定期総会直前になってPTA本部役員が束になって「なんで？　どうして？」のフリーズ状態になってしまったのだ。青ざめた会計さんたちを見て「どうしてもっと早く言ってくれないの！」と他の本部役員は思った。中には、「どうにか適当にごまかせばいいんじゃない？」なんて言う役員もいたが、それでも真面目なメンバーでもう必死で細かい内容のレシートと領収書と出納帳の内容の徹底チェックをしまくった。

まず、レシートの内容が細かいのなんのって！〈地域との交流行事〉にチカラを入れていたせいだと思われるが、そういう行事の影にはいつもコマゴマとしたお買い物があったのだよ。「だから、やたら行事ばかりするとこうなるんだよ！」と内心ボヤいていた。

　それに伴って、会計さんたちの計算管理能力を信頼しきっていたのだが、それは多大な間違いだと確信した。彼女たちの出納帳チェックを間近で見ていて、「オイ、まじかよ？」と少々呆れたのだった。だって〈出納帳の数字書き間違え〉やら〈電卓の数字の写し間違え〉、更に〈電卓の１桁打ち間違え〉のオンパレードだったのだ。これでは帳簿の内容の信用度ガタ落ちであろう。信用度が低くなっているにも関わらず、本人たちは「自分たちの記憶に間違いない」等と多々主張していた。が、直後に「入れ忘れていたレシートがありました」なんて言ってくれるし…。「オイ、あなた方の主張には何ら根拠がないよ」との嫌味を言いたくなるのを必死に抑えていた。

　しまいには「ダメダ、彼女達だけにこの決算報告はまとめられまい。スキルが足りない」と認識せざるを得なかった。会社勤めのオットからすれば、「会計の〆なんか、会計と会長が責任を持ってやればいいだろ？　それが彼女らの仕事なんだから」と当たり前のことを言っていたが、「彼女たちだけにあの仕事を任せるというのは、ワタシに物理の問題を解けと言うほどの難易度の高いものだ。仕方ない」と返すしかなかった。今までPTAの会計って、こういうお金の扱いに慣れている人がやっていたからこそ、上手く稼動していたのだろう。しかし不慣れな人が担当する時は必ずどこかで発生する筈なのだ。だっ

て、本部役員決めのときに「誰が会計不慣れか？」までわからないし、そもそも本人自体の自覚が足りなければアウト！　でしょ。よりによって今年はとっても不慣れな人が無自覚で会計になってしまったらしい。

　次年度以降はこういう轍を踏まないように、もし不慣れな人が会計業務を担っても、被害を最小限にするようにと〈レシート、領収書等の提出に際しての明朗会計化、構造化〉をする用紙をついワタシは作ってしまった。ほら、ワタシって構造化⇒いつでも、どこでも、だれでも、わかりやすく使えるグッズが好きだからさ～。更に〈決算報告書〉もエクセルで代行してあげた。「もう見てられない～」状態だったからな。

　しかし、こういう善き行い？　の陰で、密かにワタシは哀しい出来事にあっていたのだった。それにしても「なんで？　書記が会計決算報告書を作らなあかんのだよ？　想定外だ」

2007・05・05（土）

たかが、されどPTA
～個人的事例研究②～

　そもそも、春休み中からロクな目にあっていないのだった。４月に入ってオットが今更のインフルエンザＡ型に罹り、続いて年子妹もなって、息子は祖父宅へ避難させたがノド風邪にかかって、終いにはワタシも寝込み風邪になったのだった。ちなみにオットはタミフルを服用してさっさと海外逃亡、じゃな

く海外出張に行ってしまった。

　おかげでワタシは息子の入学式に熱でダウンしていた。その数日前には年子妹の学校のPTA業務で〈赤の他人の子の入学式〉に出席していたのにな。

　これはある意味警告でもあったのだ。つまり「他人の世話に明け暮れてて自分の家庭が犠牲になる」という…。会計報告の内容をスッキリさせるために他業務の本部役員も手伝ったのだが、その手伝いにとてつもなく長い時間を奪われた。4月の大半の日々はほとんどそれに明け暮れて、土・日もそれにつきっきりになっていた。「会計報告がきちんと合わないとダメヨ！手伝える人は手を貸さなければ絶対ダメ!!」状態にだんだん陥っていたため、4月のほとんどは家庭を放っておかざるをえなかった。

　そこで手伝える人というのにも、色々ランクがあったのを思い知ったのだった。絶対手伝わなければいけない人とは、無職の人だった。働いている人はいくら「会計が合わないから」と言っても、自分の仕事まで犠牲にはできない…そうだ。時間が来たらサッサと自分の居場所へ帰っていった。だけど、無職の人は自分の家族の用事は犠牲にしなければいけなかったらしい。

　その手伝いのために〈息子の中学の授業参観〉（初めてのだったのに〜）も、「ダメヨ！　そんなのに行く時間ないでしょ！」と叱られてしまったのだ。「え〜、土曜午前の数時間だけでも許されないの？　そこまで連帯責任なの？」と泣きたくなった。と言うか、「あの〜、息子は確かに1人で留守番はできるし、1人登下校もほぼやれるようにはなっているんだけどね、でも

〈中学〉という新しい環境でストレスフルな日々を送っている自閉症児なんですけど〜。健常児の子より手間がかかるんだけど〜。こっちの立場もわかってよ」と主張したかったよ。フルタイムで働いている人のほうが、障害児を育てている人よりもずっと大変だ…とは思ってほしくないですな。

　でも、彼女たちに理解できる訳ないわよね、自閉症児を育てるという手間のかかり方がどれほどのものか。フルタイムで仕事をしている人たちには、障害児の子育てなんか全然別世界だものねえ。

①制服のベルト付きズボンに慣れさせるためにかなり前からあれこれ工夫をしたり、

②ワイシャツのボタンをずれずにはめれるようにどうフォローすべきなのか考えたり、

③「ブレザーの衿に無頓着です」と担任から伝えられて、新たに制服の着方を教え直したり、

④1人でバス通学する際の〈あれこれのリスク、不測の事態〉をまず親が想定して、どう対処するべきか本人にレクチャーしたり、

⑤または実際に遭ってしまった不測事態について本人と話し合ったり、

⑥クラスの中でどう振舞えばいいのかを、本人に理解できるように教えるのにどれほど時間が必要か…（最近お笑い芸人のマネをしたり、積極奇異になっているので困っているのだよ）。

　息子の中学という新しい環境についてのストレスをどう軽減させてあげればいいのか？　を考えるのが健常児のそれより何

倍も細かく気を配らざるを得ないかを…。全然わかる訳ないん
だよ、嗚呼何という孤独。この辺りが「あ、自分は健常児の親
とは違うんだな」と自覚させられる所であるな。

たかが、されどPTA
〜個人的事例研究③〜

「使える人」と「使えない人」についての考察。ジェンダー論
も入るかも？　解釈次第では「自分の子供に手が掛かるとわ
かっていたのなら、なぜ本部役員になったのだ？」とも受け取
られかねない。しかし、〈会計担当者が、総会直前になってま
ともな決算報告を出せなかった〉という「そんな馬鹿な！」と
いう事態が異常であって、ワタシの子供には何の落ち度もない
のだな。

　そして、ある真実に突き当たった。
「PTA本部の仕事をする上で一番影響するのは、実は本部役
員になった人自身の今まで培ってきた能力だ」ということ。

　今回の緊急事態で他の本部役員の〈イザというときの各々の
能力の発揮の仕方〉まで色々見えてしまい、人によっては「あ
あ〜、あの人ってこうだったのか。知らなきゃ良かった」とい
う目にも遭ってしまった。別に、「ワタシだけが素晴らしくよ
く働いたわ」とは思わないが、「あのさあ、もう少しあなたも
働いてよ。何しにここにいるのよ？」と言いたくなる他の本部

役員が存在するのは、精神衛生上キツカッタですな。PTA本部という小さい集団内でも〈使える人／使えない人〉と二分化されてしまうものらしい。

「いえ、人それぞれ得意分野が違うじゃない？　そんな狭い心で人を判断してはいけないわ」とも思い直すが、その人に関しては、どうもなあ〜。皆が相当焦って会計チェックをしている傍らで〈呑気に欠伸・自分の子供の話ばかり・ただボ〜としている〉〈仕事頼んでもすぐ脱線する〉なんかされてごらんなさいな。自分のこめかみに※マークが出るのを、必死におさえていた。「いえ、ギスギスした環境の中では、そういうノホホンとした存在も必要よ。癒し系の人じゃないの」とこれまた思い直すが、実際のところ癒し系ではなかったな、イライラさせ系でしたな。まあご本人、最後のほうで「私、よく周りからマイペースって言われる」とは言っていたなあ〜。

そこでつい色々考えてしまう。ナンノカンノ言って、そういうタイプ（何があっても、あくまでノホホン系のマイペース派）のほうがギスギスイライラしないから、女性としては魅力的なのではなかろうか？　そういう鈍感力が強い女性のほうが、一見か弱そうに見えたとしても結局は図太いのではないのか？　〈使える、気の強い、ギスギスした女性〉より〈使えないけど呑気なポヨヨンとした女性〉のほうが、最終的には勝ち組なのか？

話はちとずれるが、その人は以前のブログでチラと書いたが、夜の役員の話し合いのときにいつも子供2人を連れてきていた（子供は小学生）。ご本人曰く、「家に置いとけないでしょ」とは言っていたが、今から考えると「そうか？　夜2時間くらい小

学生２人で留守番なら可能じゃないのか？」と疑問だった。だってその子供２人（目を離すとすぐ脱走する多動児）でもないのにねえ。ご本人は「子供はすごく楽しそうだから、別に夜の集まりのときここに居ても全然平気よ」と言っていたが、こちら側（他の役員・特にワタシ）は内心、夜公共施設内で騒ぐ子供が側にいるのは嫌だったな～。〈PTA役員の話し合い〉なのであって〈子供の遊び場〉ではないのに。なんか、〈他の大人＝PTA役員〉を子守共同体としていたのではないかい？　更にご本人は「お父さんが子供が騒がしいのが嫌だから（だから連れてこざるを得ない）」と常々言っていたので、「そうか、我が家みたいに狭いマンションだと、お父さんが休みたくても子供がうるさいと休めないのね」なんて思っていたのだが、つい最近、その人の家は１戸建てと聞いてしまった。「１戸建てに住んでいるなら、子供がうるさいのなんかどうにかなるだろーが！」とムッとしている。うちなんか、うちなんか、階下の住人に「午前７時のドアの開け閉めの音がひどい。足音もひどい。夜中１時頃の襖の開け閉めの音も気になる。おかげで眠れない」なんてクレームの手紙まで来たんだぞ！　１戸建てで家族４人だけで住んでいるなら、生活音の調整くらい自分たちで工夫してどうにかしろや！「お父さんが怒るから」⇒「他の人に負担を負わせる」でよいのか？　ナルホドね、だからマイペースなわけだ～。

　PTA本部役員という小さい集団でも、実に様々な個性的な人が集まったことだ。イヤ、この年だけじゃないか？　ここまで異色な人が集まったのは？

親をやっていくのも、
しんどいのう①

　以前に「情緒不安定になっているので、心療内科に行った」
と書いて、次に「心療内科に行って、デパス錠を処方してもらっ
て様子を見ている」とも書いていた。さてこの〈デパス錠〉、
心療内科の先生には「調子が悪くなったときに、服用するとい
いよ」と言われていたので、毎日のむということはしていなかっ
た。即効性はあるそうなのだが、ワタシの場合やたら眠くなる
のだよ。で、寝てばっかりいると日常生活に支障をきたすとい
うかなんというか…。

　そうこうしているうちに、何かずっと調子が悪くなって、常
につきまとう疲労感や脱力感と無気力感、すんごい憂鬱な感情
に襲われがちになり、のべつまくなしの睡魔に襲われ、かと思
えば感情の抑制がし辛くなって、タガが外れると超人ハルク
（古！）並みになってしまい、〈即効デパス〉をのんでも、効果
がなくて、以前行った心療内科は週の後半しか開いていないし
（予約をとるのも、曜日が限られる）、仕方がないので、ネットで調
べてすぐ診察してもらえる心療内科（電車で数駅先）を探した。

　大体の今のワタシの状態を聞いて、「デパスは服用すると眠
くなりやすいんです」と訴えてみたら、「では、ちょっと簡単
な検査をします」と言われて、Ｓなんとかというペーパーテス
トで状態をチェックした後、先生はちょこちょこと計算をして、

「うつ病ですね」と告知をされてしまったのだった。あ〜らら、鬱病だってさ。やっぱりというべきかトホホというべきか。（もちろん、動揺もしているが）気持ちのどこかで「そうかもしれない」と勘付いていたからなあ。

　実を言うと「知人が鬱病になった」なんて記事もブログに書いたが、あれはワタシと血の繋がりのある人なのだよ。「そういう病気になりやすい家系なのかもね」と言われてしまった。とりあえず、〈デパス以外の違うクスリ〉を処方してもらい、「1週間後に様子を診るから必ず来なさい。薬は必ずのむこと」と告げられた。自分のドンピシャな勘に少々呆然としながら、本屋に立ち寄って関連本を購入した。そして、今ツラツラ読んでいる最中なのだが、「なんだ、これらが鬱病の症状だったのかい。マンマやん」と感じている。（あくまでワタシの症状だが）

①何かと疲れやすく暇さえあれば寝たくなる。（←単なるプレ更年期かと思っていた。もしくは寝太り女とか、体力の衰えとか）

②イライラして、ヒステリックに家族に当たる。（←これもプレ更年期かと思っていた）

③家事や仕事に手がつかない。（←単なるぐうたらか、片付けられない女になったかと思っていた）

④肩こりなど（←単なるパソコンのやり過ぎかと思っていた）

　①〜④は、〈鬱病の症状〉なのだった。しかし、①の寝過ぎなんて「いいわね、ぐうたらできて」なんて思われる代物だし、まさか過眠という症状とは見分けられないだろうな素人には。いつもいつも眠くなるというのは、結構キツイものなのだよ。ホント、何にも手につかなくなるから。

　…それにしても、息子は〈脳の中枢神経の機能障害〉で、母

親は〈脳の中枢神経の病気〉かよ。 まったくなんなんだよ、
これってと思う。

親をやっていくのも、
しんどいのう②

　ネットで調べた心療内科をなぜチョイスしたのかと言うと、
その病院のHPに「リタリン（AD/HD等の多動を抑える薬）は、
こちらでは扱いません」という文が紹介されていたからであっ
た。「へえ〜、リタリンって多動を抑える用の薬でしょ？　心
療内科でも扱うところあるのかいな？」と、ちょっと興味がそ
そられてしまったからだ。まあそれはともかく、今度は〈デパス〉
ではなく、〈ソラナックス〉（0.5錠）を毎食後服用して様子を
見ている状態である。たわむれに〈デパス〉と〈ソラナックス〉
をネットで検索してみたが、両方ともほとんど同じことが記載
されている。まあ微妙に違うんでしょうな。「こんなちっちゃ
なカケラ（0.5錠）で効くのかいな？」と思うのだが、な〜んと
なく頭の右脳と左脳の間をつなぐ神経回路の通りが良くなって
いるよーな気がする。あくまで気分だが。
「なるほどな。自閉症息子もとある薬を服用しているが、本人
曰く「頭がスッキリする」と言っていたのは、こういう感じな
のだろう」とヘンな共感を持つ。
　さて、うつ病になっていたワタシである。自分のブログを読

み返す気はないが、結構抑うつ症状をツラツラとブログに書いていたと思われる。しかし！「見た目では丸っきりそう見えないだろう」と自覚している。オットも長期の１ヶ月近くの海外出張から戻ってきてワタシの顔を覗き込んだが、「どこがどう変貌しているのか？　いつも通りぐだぐだ寝ているだけジャン」としかわからなかったと思われる。「うつ病だ」と言ったところで、

● 家族の食事は作らなければならないし、

● 家の整理と掃除をしなければならないし、

● 家族の洗濯物を整理しなければならないし、

● 家族の夏服を選んで買ってあげなければならないし（もう成長期の子どもって！）、

「あ〜あ〜、でももう少し早く正式診断受けとけば良かった。わかっていれば、学校の余計な係りなんぞ引き受けなかった」と後悔している。というのも、これら以外にも、息子の中学のクラス会計委員とマンションのこども会の会計係をやむを得ず引き受けてしまったのだ。

　更に、年子妹も、今年最後の小学校生活だから何かしらあるだろうし。

　今とっても内心「面倒くさい！」と思っているのだ。しかし来週の今頃、〈こども会のバーベキューで歓迎会〉で張り切って肉や野菜を鉄板で焼いたりして、仕切らなければならないのだ。あ〜かったるい。更にその次の週はう〜ん。月末は〈息子の中学のバスケ大会〉があって…考えるの今は止めよう。「らしくないうつ病」なので、「係りをやるのがシンドイので、誰か変わってください」と言っても、皆信じてくれなさそう（と

いうかやる人いないんだよ、どういう訳か）。「らしくない〇〇」と
いうのは、まるで息子の「自閉症だと言うが、ただのヘンなキャ
ラの空気読めない奴にしか見えない」というのと、似ているかも
しれない。なるほど、とこれまた妙な共感を持つ。

「しかしなあ〜。『ワタシ悩んで苦しんでいます』と周りに訴
えたところで、大概いつもこういう答えが返ってきたよね」と
また思いをめぐらす。大体いつも「辛いのは、あなただけじゃ
ないのよ」って言われるのがオチなのだ。「辛いのはあなただ
けじゃないのよ」って言葉、実にワタシは嫌な言葉だ。ワタシ
自身が周りの人の苦労譚を聞いて「そうか、皆大変なんだ」と
ワタシの心の内部から思うならいい。しかし、外部の人間から
「皆大変なのよ」という〈意見の押し付け〉をされると甚だ気
分が悪いのだよ。
　ちなみに、〈うつ病の患者さんにとってつらい言葉〉とは以
下の如くでありますよ。（書籍参照）
● うつ病は、ただの怠け者病
● いい大人なのに、自分のこともできないなんて
● 気合を入れれば治る
● もっとしっかりしてくれなければ
● つらいのはあなただけじゃないのよ
　…ほらね。

今年の夏から、
タモリな２人になっている

　タモリな２人⇒「私（タモリ）もあなた（赤塚不二夫氏）の数多くの作品のひとつです」⇒さよなら、バカボンパパ「これでいいのだ」という連想ではなくて、息子と母（ワタシ）、今年の夏からサングラスを使用しているのである。

　やはり以前何かに書いたと思うが、どーもウチラ親子は「いきなり他人に話しかけられる」という出来事が多々あるのだ。普通だったら〈いきなり他人に話しかけられる〉ことがあっても、その場をどうにかやり過ごすソーシャルスキルはあらかじめ持っているだろう。だが、発達障害を抱えている息子にとっては〈すごくびっくりする・情緒不安定になる・動揺する・しまいに怒り出す〉というハプニングに陥る悪状況になるのだ。〈いきなり他人に話しかけられるのが苦手〉なのに！　親子揃って間が抜けてお人好しな顔をしているせいなのか、「なんで、そんなどーでもいいこと、ウチラに聞くんだよ！　おかげで、息子が癇癪起こしているじゃないか！」という危機的状況が多々発生していた。

　ある日は駅のバス停で並んでいたら「〇〇行きのバスはどこですか？」とお年寄りにいきなり聞かれて、「そんな１日の本数が数本しかないバスのことなんか知らないよ！」とワタシが思った瞬間、息子が「どうしてバスの車掌さんに聞かないん

だ！」とその方に怒り出して、息子をなだめるのにえらく手間取った。

　またとある日は、バスに乗って座っていたらこれまたテニスラケット一式を持つ初老の女性が近づいて、息子に向かって「(降車ボタン) 押して、押して」と頼むのだった。「どうして自分で押さないの！」と息子は大声を出してしまったのだ。頼るなよ〈愛の手帳も持っている〉障害児に。でも、表面的には息子のキレ気味行動に非があるように見えるであろう。

「この危機的状況＝〈いきなり他人に話しかけられること〉を回避するためには、もうサングラスをかけてこちらのお人好し顔を隠すしかあるまい。更に、息子の耳には人がいっぱいいる場所では〈音楽を聴くグッズ〉を装着させて、「あの人に物を頼むのはやめよう」と思わせる格好をさせよう…と考えた。

　で、先日Ａ区のじいちゃん家に２人で電車に乗っているとき、そのような格好をさせていた。息子は、電車の先頭の運転席が見える場所で、ウットリと運転室を観察していたのだが、地下に入ったとある駅で、母子とお祖母ちゃんつき一団がワラワラ乗ってきた。母親が「２駅だからすぐよ」と幼稚園児くらいの子に言い含めていたが、その子が「見えな〜い！」と文句を言っていた。こっち (ワタシ) は内心、「そうよ、すぐ降りる子はいちいち運転席なんか見なくてよろしい。ウチラは目的地が遠いから、この小田急線をずーっと長ーく乗り続けているから、〈せめて運転席を眺めて楽しんでいる〉のよ。だから君は２駅くらい、運転席を見るのはガマンしてくれや」とヒヤヒヤしていた。

「しかし、サングラスとイヤホンしている子に話しかけるのは
さすがにないだろうな」とは思っていたのだが、幼稚園児の孫
が可愛いお祖母さんは強気であったのだ。「すみません、ちょっ
と見せていただけませんか？」とお祖母さんはいきなり頼むの
であった。「…すみません、この子（息子）障害があるので…」
と見知らぬ他人につい言ってしまったのだった。

「ここでこう大人しくしているように見守っているんだから、
そんな頼み事しないでよ。〈愛の手帳〉も持っているんだから。
あなたの孫は健常児でしょ？　こちらのほうが立場弱いんだか
ら、思いやってよ。2駅くらいガマンしてよ」等とは言わなかっ
たが。

　結局少しワタシがずれて、お祖母さんの可愛い孫は、運転席
を見ることができたのだった。そして息子には「サングラスし
ているのに、どうして話しかけられちゃうの？」と言われてし
まったのだった。可愛い孫のために行動するお祖母さんには、
勝てる者はいないってか？

　いや、そうではないだろう。もし息子が車椅子を利用してい
る人だったら、「そこ少しどいて」なんて言わないだろう？
多分。

　しかしなあ、なんで〈愛の手帳を持っている〉息子が、自分
より立場の強い・賢い人間に気を使ってあげなきゃいけないん
でしょうかね？

　それともこれが〈息子の日常的ソーシャルスキルのトレーニ
ング〉なのだろうか？　または「人の関係性はお互い助け助け
られでしょ？」と考え直してもみるが、自閉症息子を育ててい
る間、「人から助けられた！　って感動したこと」あんまりな

いんだけどなあ。ワタシが忘れているだけなのかねえ？　ワタシが鈍感なだけなのか？　さあてなあ？　そして明日も２人はサングラスとイヤホンを付けて、タモリな２人になるのであった。なーんてな。「これでいくしかないのだ」

苦行の日々…なのだ
（あるいは中途半端な立ち位置）

　急に涼しくなって、ヤレヤレと皆様思っているでしょう、暑いというだけで頭に血が上りやすいものですな。〈夏休み＝子供がいつも側にいる〉ってのも、コメカミのあたりがズキズキと痛みますからな。

　夏休みも長いが…今年は、中学２年になった息子の中学特別支援学級の転校手続きに６月（１ヶ月）まるまる学校を休ませたから、我が家的には一般の夏休みより長～いのだった。７月にやっと新しい別の中学へ通いだして２週間経ったところで「ハイ、夏休みだよ～ん」となったので、相変わらず母と息子は鬱陶しいほどの濃い時間と空間を共有している。オット（息子の父）は、去年辺りからやたら海外出張が多発して今月なんぞ８月１日～２０日過ぎまで涼しいサンノゼに滞在中なのだ。北京オリンピックでの日本選手の活躍の話題には今いち乗れないようだが、妻（ワタシ）のヒステリー気味のメールに日々困惑しているようである。いや、ヒステリーというより〈鬱のド

ロドロ感情を吐露〉しているので、「ヘンな気起こさなきゃいいが…」と焦っているかな？　どうだろう？

　母と息子の鬱陶しいほどの濃い時間を回避したくても、例えば〈民間のデイケア〉はもう予約を取るのは99.9％不可能になった。と言うか、今までの利用はその民間の施設のご厚意でどうにかかろうじて、予約が取れていた状態だったのだよ。息子より重度の子供（肢体・知的）の利用者もいるので、そうなると…やはり〈緊急度〉は息子は低いだろうな。

　数年前、学生ボラさん（男性）に市民プールへ息子を連れて行ってもらったが、そういうデイケアももう望めないだろう。でも、今だから言っちゃうけどそのボラさんが「市民プールでボクちょっと隠れて、彼がどういう反応示すか観てました」なんて報告したときにゃあ、「なに、観察してんだよ！　人の息子を！」と内心怒っていた。

　ならば、同じような仲間（子供と保護者）のグループに入って「みんなと仲良くやろうよ」というやり方もあるだろうが「以前いた学級（小・中）で、子供同士の相性がすごく悪かったのに、なんでまた同じ場所にわざわざ集うのよ？」という疑問もあって…。同じ特別支援学級のクラスメイトは、「みんな一緒に仲良く〜」なんて、思いはないわさ。「相性がどうしても悪い相手」ってのは通常級だろうが特別支援学級でも必ず存在している。通常級ならまだ大人数故に逃げ場もあるかもしれない？（えっ、ない？）だろうが、心障級の少人数制の狭い空間に〈ハブとマングース〉が一緒にいてごらんよ、ただでさえ〈感情のコントロールが定型発達児より下手な子供同士〉だから、些細なことで感情を激化させてしまうんだから。「それは、特別支

援学級の担任がグループ別指導とかして…」なんて期待は…できない。

　…という訳で、息子と一緒にタモリになってイヤホン付けて、暑い中電車乗ったり、バス乗ったり、用事を済ませたり、買い物したり、ウロウロとウロウロと…。暑い中汗だくになってこんなに奉仕しているのに…。息子に「宿題やって」と次の日当たり前のことを言えば、グダグダ文句を言われて更に酷い扱いを受けてしまった。そして、またオットへ「鬱のドロドロ感情吐露メール」を打ち続ける日々なのだった。

　でも、夏休みが終わった後にワタシに〈平穏な日々〉は来るだろうか？　学校での軋轢と葛藤の日々をついこの間まで濃く経験したワタシに。今日は昨日息子の癇癪を受けてそれを引きずって暗鬱な気分だったので、本人を１人留守番させて（日曜日は息子の好きなTV番組が多くて満足している）近所のデパートの大型書店に本を物色に行った。フト見ると以前息子が在籍していた中学の担任が２メートル先にいるではないか！　途端に踵を返して、マンガ本コーナーに入ってじっと隠れた。だって「お元気ですか〜!?」なんて言うような気分じゃなかったし、言う気もないし。ワタシって、「もうなるべくお会いしたくない方々（主に先生と呼ばれる方）」が多いのね。トホホですな。ブルーな気分のまんま帰宅したら、息子は『笑点』をご覧になって笑いまくっておりました。おめでたい奴。

東京にもこんな風景

　前に通っていた中学校（特別支援学級）で、いつしか「息子、一体何しに学校に行ってんだ？　わざわざパニック起こすために学校に通っているなんて、すんごい時間の無駄遣い！　嗚呼、時間が勿体無い！」と痛感して、必死に〈息子に合う個別指導塾〉を探した。そして夏休みは息子の通塾に付き添っていた。

　息子が２時間お勉強をしている間、ワタシは塾のご近所をウロウロしたり、ファミレスで読書をしたりとか、小さな美術館へフラッと立ち寄ったり。それなりの自分自身の気分転換をしていたつもりだが、お勉強が終わった後の息子はへばっていて機嫌が悪くなるときもあるので、取り扱いは慎重をきたし、下手すると癇癪を誘発したときもあり…。９月になってからは付き添いはオットにお願いしている。本当はそろそろ１人で行き来できるのだが、ご本人は「塾の勉強が終わった後のお昼ご飯はどうすればいいの？」と昼食の心配が強いので、息子の心配を解消するためにまだ親の助けが必要なのであった。イヤ、親が工夫すればどうにかなるんだろうけどさあ、まだ親子共々〈通塾に慣れていない／余裕がない〉んだろうね。

　塾の近所には、小川が流れていたり、大きな緑地公園があったり、（泥棒したくなるほど）沢山実がついたキウイ畑があったりして、近所のお寺の竹林は風情があるし、とある本屋に立ち寄れば、飼い猫の黒猫が通路に寝そべっていたりして「ワッ！」

とびっくりしたり。ワタシの夏の思い出。

特別支援学級の
合唱コンクールについての考察

　以前、じっくり読んで赤線を引きまくった本にこう書いて
あった。

「わが国の学校教育は行事が多すぎる。準備なしに行事に駆り立
てることは、児童を混乱させるだけである」（『発達障害の子どもた
ち』[講談社現代新書 1922]・講談社・杉山 登志郎）

　でも、大半の学校の先生という方々は学校行事に愛！　を
持っているらしいから杉山先生の指摘も聞こえない振りをする
であろう。

　そしてつい最近だが、とある事実に突き当たってしまった
のだった。ワタシが住むこのＴ市の中学の特別支援学級では、
合唱コンクールの際には〈手話付き歌〉が流行っていることを。
どこの学級でも実践している。

　この〈手話付き歌〉って誰が「これをやろう！」と言い出し
たんだ？　やることによって何か、ハンデを抱えている子供た
ちの益になるのか？　教師間で「障害児に〈手話付き歌〉をさ
せると、みるみる劇的効果が発現！」なんて報告書が出回って
いるのだろうか？　これはＴ市だけの現象なのか？　他自治
体の教育機関でも大流行なのか？　どなたか教えて欲しい。歌

だけ、もしくはハンドベルの演奏だけじゃどうしてダメなの
か？　なぜ歌を唄うと同時に手指を忙しく動かして、手話を
させる必要があるのか？　SMAPか？　世界にひとつだけの花
か？　のりぴーか？　青いウサギか？　ウサギはさみしくな
ると死んでしまうのか？　〈ぞうきんを上手くしぼれない〉〈Y
シャツのボタンかけに時間がかかる〉など全体的に手先が不器
用な子が多い特別支援学級の生徒たちが、ほんの数回手話の練
習をしたところで上手くできるのか？　それとも、先生方は、
１年中じっくり辛抱強く、生徒に指導しているのか？　どう
よ？　そうやって中途半端に覚えた手話は、果たして「耳が聞
こえない人々」に通用する代物なのか？　歌だけに集中できな
い、口と同時に手指も動かさなければならない、そして大勢の
人の前で発表しなければならない…なんて、彼らに「嗚呼、自
分たちは満足にこういうことができない」と思い知らせるだけ
じゃないのか？　なけなしのプライドがズタズタよ。特別支援
学級じゃないよ、これは。**特別試練学級**と呼称を変えるべきだ
ね。…それとも「出来不出来は、関係ない。上手くできようが
できまいが、観ている側（一般人）が感動するためにこれをや
るのだ」とか？　〈ハンデを抱えている生徒に、難度の高いこ
とを本人たちの意向を無視してチャレンジさせる〉のは感動モ
ノか？　それが一般人の乾いた心に優しく染みとおるのか？
生きる勇気を与えるってか？

「感動した！」って、小泉純一郎氏が、貴乃花の相撲を観たと
きに叫んだセリフだが。貴乃花は別に小泉氏のために相撲を
取った訳じゃないがな。小泉氏が勝手にそう感じただけだから。
まあ、貴乃花は〈相撲道に不惜身命〉で、相撲一筋だから、自

分の技で人々を感動させるのはまんざらでもなかったと思われるがね。あ〜、今日は気持ちがささくれだってしまったわい。

　今週いきなり、息子が以前在籍していた中学の特別支援学級の３年保護者から連絡があって「会いたい」と言われてしまった。「お子さんが高校受験前でストレスがたまっているんだろう。…ボランティア（愚痴聞き）でもすっか。しかし、「なぜ今更」と思って今日の午後に会ったのだがねえ…。ご本人曰く「○○クン（息子）が転校せざるを得ない特別支援学級ってなんなのよ！　どうして教師の指導のせいで○○クンが出て行くまで追いつめられなければならない訳？　仲間と別れなければならないなんて！」と担任たちに直談判して、相当怒ったんだって。ワタシは内心「え〜。だって新入生が増加し過ぎていて、超過密状態だったし。今より条件のいいところ（息子に合いそうな場所）に移るのがそんなに悲劇かなあ？　あそこにとどまるほうが、息子には悲惨だったんだけどなあ」…とは、その保護者には言わなかったけど。
　まあ、夏休みに前述の『発達障害の子どもたち』を熟読して「な〜んだ、どうやらこういう痛い経験は全国の特別支援学級であちこちあるのか。ウチラだけではなかったのか。そうか良かったヨカッタ（何がいいんだよ！）」と悟っていたのだった。よ〜く考えよう〜。『発達障害の子どもたち』を読むのは大事だよ〜。Ｔ市の特別支援学級（中学）では〈手話付き歌〉が待ってるぞ〜。

『風のガーデン』を見続けていたが…

　今期のフジＴＶドラマ『風のガーデン』（倉本聰脚本）は、一応全部見続けた。身内（オットの継母）が癌で亡くなったし、自分の息子は知的障害を含む自閉症だから、ドラマの設定にリアリティを最初感じたからだけど、実際に見ながら感じていたのは「ファンタジーとリアルの間を漂う」というものだった。北海道富良野のイングリッシュガーデンからして、「ああ、夢のような風景」でしたな。その美しい風景をボーと見ていると、息子がドカドカやって来て「今日のゲストは●●さんだって！

　グッチさんの料理はね〜」といちいち報告するので、いきなり頭の中に『きよしのズンドコ節』が流れるのだった。息子は同時間帯にＮＨＫの『きよしとこの夜』を見るのを楽しみにしている。なので頭の中で「♪ズン、ズンズン、ズンドコ（きよし）♪」と脳内変換してしまいがちだったよ。

　まあ、話をドラマのほうへ戻そう。見続けていてまたこうも考えていたのだ、「彼（中井貴一／治療不可の癌に罹患した麻酔科医）は、最高の最期を迎えられたからいいじゃないか」と。自身が麻酔科医だから病状も専門的に分析できたし、絶縁していた父親（緒形拳）とは和解して、その父親自身が終末期医療専門のお医者さんだから、丁寧に最期を看取ってもらえた。「それに比べてオットの母はどうだったよ？」とつぶやく。

実はオットの母は若い頃看護師をしていたし、彼女の友人は
それこそ大学病院の総師長をしている人もいた。つまりは、医
学の専門知識を持っていた人だった。しかし「手術で除去でき
ない箇所に癌がある／余命は短い」という事実を、当事者（オッ
トの母）に家族（主にジイチャン）は隠した。ジイチャン曰く「本
当のことを言って、ガックリきて死期を早めてはいけない」とい
う理屈で、息子たち（オットとオットの兄）は「オヤジがそう
したい（告知せず）って言っているんだから口出ししない」と
無視を決め込んだが、ワタシは今もなお「その判断は良かった
のか？」と考える。

　医療関係にド素人な人だったらまだしも、独身時代看護師を
していたんだから「それって、彼女のキャリアや人格を傷つけ
ていないか？」と考えてしまう。ワタシの友人曰く、「今は、
告知は誰でも当たり前でしょ」等と言ってもいるがな。告知し
なかったので結局は他の治療方法とかを探すこともしなかっ
た。セカンドオピニオンとか、化学療法とか考えても良かった
のではなかろうか？　ジイチャンは「告知せず」という決意で、
主治医とも喧嘩した。そしてそれこそド素人の判断で在宅で彼
女を看病していたのだが、やはりとても危なっかしかったので、
オット（次男）とワタシ（次男の嫁）がサポートをし続けていた。
ド素人が勝手にモルヒネの量を決めているのを見ているのは、
えらく複雑な気分にさらされた。

　しかしながら、結局は本当のこと（自分にはもう時間がない）
を言わずにいても、彼女自身自分の体の衰えでわかるものだっ
た。ジイチャンとしては「静かに少しずつ衰えて…」と考えて
いたのだろうが、実際は最期のとき修羅場だった。〈癌が体中

に転移したせい〉で、錯乱状態になってしまった。そしてその
まんま病院である。ジイチャンは「彼女を、家で静かに看取る」
と考えていたのかもしれないが、結局は病院で亡くなった。

　葬式の後の会食で、彼女の友人（大学病院の看護師総師長）が、
ワタシに囁いた。「…最期のとき、ちょっとだけ意識が戻った
のよ。そのとき彼女は『悔しい』と言ったのね」その言葉を聞
いたとき、ショックで立ち上がれなかった（周りはワタシがヤケ
酒で酔ったせいだと思ったが）。…ジイチャンは、「自分はよくやっ
た」と思っているのだろうかね？　聞く気もないが。「自分は
彼女をこう看取りたい」という思いが強すぎて、肝心の彼女の
考え（どういう最期を迎えたいか）を蔑ろにしてしまったのではな
いだろうか？

『風のガーデン』では本人の意思や意向をとても尊重していた。
若くして死すというのはそりゃあ悲しいが、あの〈死の迎え方〉
は羨ましいよ。まあ、ワタシとしては身内を癌で亡くすという
ことはどういうものなのかを一般に知らしめてくれたのは、感
謝しているけどね。実は義母の末期癌の看病の裏で、とある事
実に相当泣かされたのよ。

苦い記憶
（身内が癌に罹ったときに…）

　ひっぱり出したら　いつもカビ臭い　大丈夫かな？　メモリーズ（『メモリーズ・カスタム』スピッツ）

　今日はついイラついてしまった。午前中に、マンションの共同階段にずっと長い間放置されて枯れていた〈金のなる木〉を自宅のベランダに持ってきて、剪定と挿し木（まだ生きていた若芽があったので）、更にベランダの大掃除をしていた。その時間帯にNHKで緒形拳さんがレポートしていた『プラネット　アース』の再放送を録画することも忘れていた！　ギャーー‼　もう滅多に観れないのに〜‼　か、哀しい！　そりゃあ本『地球徒歩トボ』は持っているけど、やっぱ映像で見たかったとガックリきている親のそばで、息子は『ネプリーグ3.5時間スペシャル』を大興奮して観ていた。流石に途中で「もう見るの止めなさい」と言ったら従ってくれたが（コーフンし過ぎて疲れたらしい）。しかしながら、3時間以上も放映するほどの内容でしょうかね？　て言うか「番組制作者側は、ただクイズ問題作って出すだけだから、ラクよね〜。クイズ回答者がおバカな答えをしてくれればそれで済むんだから」と思ってしまうのはワタシだけ？　それにしても「ワー！　柳原可奈子さん、●●を××と言った！」って、息子の実況中継がかなりうるさいんですが。「子供が毎日笑って楽しく過ごしていればそれでいいじゃない？

子供の笑顔が一番」という理屈もありましょうが、うるさいものはうるさいのだ。

さて、タイトルの話でも書こうかなと。今年も様々な方が有名無名を問わずに、癌で亡くなったと思われる。〈癌〉というだけで、文章や記録に色々な思いを表現していてそして話題になっている。作家の城山三郎の著書『そうか、もう君はいないのか』等は今度 TBS でドラマ化されると言うしね。要するに、〈癌〉というのは誰でも重いテーマだと思っていただきたい。

ジイチャンが癌に罹った義母を、主治医の意見を無視して在宅で自力で看病しようとした。だけど、医学にド素人のジイチャンが１人で薬の量を調整しているのをただボ〜と眺めている訳にはいかず、子供を預けてでも、「義母の在宅介護／終末期医療／どうぞ神様、彼女に穏やかな最期を迎えさせてあげてください」と願うのはワタシ（次男の嫁）のエゴだったのだろうか？

娘はそのとき保育園児だったから良かったが、息子（このときは通常級在籍）は学校から徒歩数分の学童保育に頼むことにしたのだがね。

「障害のある児童の、学校から学童保育までの帰り道は保護者の責任です。親が付き添えなければ他の誰か大人をお願いします」と言われたのだった。「息子は帰り道、迷うことなんかありません。寄り道したって、きちんとそちらに１人で行けます。大体、たかが数分じゃないですか」「そんなに心配なら、学童保育の誰か１人でも外で待っていてくれればいいじゃないですか」「ワタシは、末期癌の義母の看病をしているんですよ」とまで主張したが、「それがどうした。こちら（学童保育側）に

はそんなの関係ない。あなたの義母が末期癌でのたうち回ろうが、そんなの知るか」とでも言うように障害児の帰り道（たかが数分でも）は親の責任で、それは障害児の祖母（末期癌）の介護よりも重いのだという判断だった。喧嘩しそうになったが、そんな言い争いをしている暇はワタシにはなかった。だって義母のタイムリミットは刻一刻と近づいていたのだから。

　仕方ないから、市の社会福祉協議会とか、生協のヘルパーとかにも打診してみた。でも「たかがそんな距離をどうして？」とか「適当な方いません」という返事だった。

　同じ室内に置いた簡易トイレまで義母を担いで連れて行くのに難儀して、２人で畳の上で倒れる一方で、学童保育に息子を迎えに行けば、「誰か（息子を学校から学童保育まで連れていってくれる大人）見つかりましたか？」と聞かれるのに文字通り〈心を抉られるような痛み〉を覚えた。

　最終的には、同じ立場の人（子供が自閉症で、時間が比較的ある人）に頼み込んで、〈学校⇒学童保育までの帰り道〉のイラスト地図を息子本人にカードで持たせて、学童保育指導員のご機嫌を取ったのだった。これってまるで「障害児を抱えている人たちは、仲間同士助け合いなさいね。こっちに迷惑かけないでね」っていう感じ？…で、このとき散々思い知ったのだった。「ああ、障害児を持つということは、こういうことなのか。いくらこっちが本当に困っていますと言っても、「我々一般人を困らせないでくれ」って言われてしまうのか。まるでこちらが溺れていても、手を指し伸ばすどころか、棒かなんかで水の中に沈まされるような扱いなんだなって。なんか末期癌で苦しんでいる義母の存在まで蔑ろにされたみたいだった。

義母亡き後、とある学童保育指導員がある日「もう少し配慮すればよかった」と謝ってきた。大方、最期の修羅場のとき子供を急遽引き取りに行ったワタシの様子でどれほどの大ごとかやっとわかったんだろう。「（今更そんなセリフ吐いたところで）もう、死んじゃったしねえ」と返したのだった。遅いんだよ、もうおそい。「あなたの事情はよくわかりました。どうぞ心置きなくお義母様の看病をしてください。息子さんは私たち（学童保育）でちゃんとお世話しますから」っていう言葉をワタシは渇望していたんだよ。でももう遅いんだよ。もしワタシが逆の立場だったらそう言ったがね。まあ多分、学童保育側も〈市の規則〉に逆らえなかったと？　余計なこと（障害児を、学校にお迎えに行くこと）をしたら、なにかしらペナルティが課せられたのかもしれないね。でもね、〈末期癌の身内を在宅で看病すること〉がどれほどのものか、あの日あの時あの場所で、ちょっとでも想像して欲しかったんだよ、ワタシは。

　これがワタシの苦い記憶の１つであるが、それから「地域に、息子みたいな子供について理解してもらいたい」と色々チャレンジしてみたが、理解が深まったのかね？　自腹切って、学童保育所に関連本も寄贈したけど。
　最近とみに「子供は地域で守り育てる」とか「障害児を地域で支援しよう」という動きもあるけど、喜ばしいと思う一方で「そう上手くいくかね？」とつぶやいている自分がいる。「イヤ、上手くいっているところはあるんだろうよ。自分の居住地がそうかどうかは、運次第じゃないか？」

老いたる親と、
大きくなる子供たちと…

　子供２人の子育てに悪戦苦闘していた間に、実家の両親の更なる老化ぶりに「あ～らら、こ～らら」状態になりました。今回あえて、実家の親の悪口を記録しておこう。

　今思い返せば、なぜ年末にやたらワタシと連絡を取りたがっていたのか？　正月３日に「家の中汚いから、外食のみで新年の挨拶をすませよう」と言ってきたのか？　自分たちの住環境の悪化をどうにかワタシに助けて欲しかったらしい。成人の日に無理矢理ワタシだけ乗り込んで、リビングに入ったら「おい、なんじゃこりゃあ？」だったのだ。

　そりゃあ今まで散々「便利なクリーニング業者に頼みなよ、少々お金かかってもいいから。障害のある息子を育てているワタシはそちらに手がかかって役には立たないよ」と忠告していたのだが、どうも年寄りっちゅーものは「赤の他人が家に入るのは自分たちにストレスがかかる」とか何とか言って「いつか自分たちでやるから」なんてできもしない約束ばかりしていた。「もう仕方ないから、ギリギリ赤の他人が入れる状態までキレイにしよう」と決心して乗り込んだわけなのだが～。親（特に母親）の家事能力の低下に「ここまであなたは老いてしまったのか！」と内心唖然としてしまったのだった。

　母親の老いは〈昨日まで元気だったのに、脳梗塞などで倒れ

た〉とかいういきなりにガクンと来るという類ではなく、徐々に少しずつ、忍び寄ってくるパターンだった。そしてそれは、日常の家事にかなり影響が出ていた。いやひょっとすると、本当は元々家事が苦手（もしくは嫌い）だったのが、この年になって本性を現したせいか？「もう嫌いなことするのヤダ」ってか？

それに加えて、過去〈胆石・婦人系の病気・心臓周辺の血管の血栓除去手術・糖尿病のインシュリン注射を毎日する生活〉等をしてきたせいで、体が相当ダメージ受けてしまったので、気力も相当ほにゃららしてしまったせいなのか？　時々妙に行動的になって突拍子もないことをするが、大体はダラケて過ごしている。

別の言葉で表すと「何もかもが面倒なの」ってか。
「昔のあなたは、ワタシの学校や塾の試験結果が悪いと、湯のみを投げつけたりそりゃあ怖かった人だったのにねえ」「それが今じゃあ、父親にいつもガミガミ注意されているなんて」「母よ、本当に老いたな」としみじみ感じ入る1月乾燥気味の日々。

インシュリンの注射って、使った後ちゃんと整理しなければいけないらしい。それなのに、母親はほったらかし状態だった。台所の片隅で、注射のキットが乱雑に放っぱらかし状態が常態化していた。「なんじゃこりゃあ～！」「後で整理するから」という母親の言い訳を信じず、ワタシが片付けたのだったが、半端な量ではなかった。

ワタシは注射キットを各パーツごとに仕分けして、別々の箱に詰めていったのだが「何年分あるんだよ、ここには！」「あちこち転がしておくな！」とついキツメにぼやいてしまった。

「まるで、自閉症児の課題のマッチング（形や色が同じものを各々区別する）をやっているみたいだな。にしても、この量だったら自閉症児も音をあげるだろう」と数時間かけてセッセと整理してみた。後、キッチンの積み上げられた古箱の中身を全部チェックして、全然使っていないボロボロのグッズもバカスカ有料ゴミ袋に入れまくり、埃をかぶっていた食器を発掘して洗って、いつでも使える状態にしたのだった。ほぼ１日かけて、台所の片隅だけの整理をしたのだが、もろ筋肉痛になってしまった。マッチングの課題も量が多いと大変ね。

　かようにいささか住民が原因による〈不衛生な住環境〉に加えて、実は更に〈室内犬２匹と猫１匹〉を飼っているのだ。

　これらペットは、ワタシと兄が独立して家を出てから親が飼い始めたのだが「つい、可愛くて〜」と気まぐれで求めたと思える。食事と散歩は一応やっているが、それ以外は…なのだった。ということは、家中獣の匂いがすごいのがおわかりいただけるだろうか？　それこそ「ペット美容室なりどこかに連れて行って、キレイにしてもらいなよ。室内犬にしちゃっているんだから」と散々忠告していたのだが「面倒くさい」という訳だったらしい。

「家の中にイヌの毛があちこちでフワフワしているのはもう耐えられない。もう元からキレイにしなきゃだめでしょ！」と決意したワタシは、一昨日の土曜日にイヌを洗いに今度は出かけたのであった。

2009・03・04（水）

「S区じゃありえないよ、そんな特別支援学級って」と息子の主治医に言われた

久々に更新しようとモゾモゾ動いたけど、タイトルが長い！
いや色々インパクトあるタイトルをツラツラ考えていたのだが、文学的にしようかとも思ったが、現場のリアルな言葉を使うことにした。

ここ2〜3ヶ月、息子超絶不調で、担任から何やら言われたのだが、「…はい？」てなことを言われたので、色々資料と情報を駆使して担任を説得した。そして、主治医に事後報告をしたときに、こういう感想を述べられたのだった。

…今まで出会った「（T市）学校の先生」に言われたことを分析してみるにだねえ、「学校の先生って「特別支援教育」って本当はキライなんじゃないか？」とか思えてくる。今までの自分たちが培ってきた教育方針を軌道修正したくないみたいだ。故に、特別支援教育の関連用語とか知識等は、学校の先生方にとっては彼らの頭の中の〈迷惑メールフォルダ〉に入ってしま

うのではなかろうか？　はじいてます、削除してます〈障害の特性に配慮した教育〉なんて言葉。「障害の特性なんか、生徒本人の努力と教師の情熱でどうにかなる！」と思っておられる。

　で、その教師の情熱なんていうのは、大概暑苦しい・体を張った・大声・叱咤激励てな訳で、とんでもなく的外れな情熱なのだった。前にいた中学の特別支援学級では、「●●君（息子）がパニックを起こして、僕（担任）に向かってきて、つねられたりしますが、それは僕を信頼している気持ちからそういう行為になるわけで…」と言われた。「勘弁してくれー！」と頭の中が一瞬パニックッた。そうしたら、今の特別支援学級では、「●●君がパニックを自らの精神力で抑えることで、彼の中にある壁を乗り越えるのを目標としよう」「パニックをわざわざ誘発させているのかい！」と呆れたを通り越して悲しくなってしまった。

　Ｔ市の特別支援学級のはずなのだが、なにゆえ適切な支援が受けられないのだろうか？　という疑問が頭によぎると、先生方はこうも言うのだった。「社会に出れば、そう甘くないんですから」

　そういう考えで教育しているのならば、表面上は〈特別支援教育〉等と言っているが、本音は〈特別扱いなんかしないもんね教育〉ではなかろうか？　学校の先生方の教育方針は暑苦しい・息苦しいを通り越して、酸欠状態に親子でなっている。「環境が悪ければ、服用する薬を強くしたって効果ないよ」と主治医は仰る。「そうですね。もういっそのこと不登校になっちゃって、不登校児対象のほぼマンツーマン指導のなんたら教室に移ってノホホンと過ごさせるのもよいかと。不登校になっても、

卒業はできるんだから」「いや、それは…」「それとも、もう引っ越しして…どこかいいとこ（酸欠にならない場所）ありません？」「S区？　いやまあ、でもね…」

　…で、タイトルの言葉になるのであった。引っ越したくても、お金がない。

　それにしても「社会に出れば、そう甘くないんですから」って言葉ってどう解釈するべきか？　〈バリアフリー／ユニバーサルデザイン〉とかを、障害のある人・社会的弱者が期待してはいけないのだろうか？　「障害のある人に理解を」なんて言葉を訴えても世間じゃ受け入れられないと覚悟して生きろと？　ならば、今度息子がまたいきなり見知らぬおばさんに「××行きのバスはどこですか？」なんて聞かれた日にゃ、「僕は学校の先生に「社会に出れば、そう甘くない」と日々教育されています。ですから、自分でできることは自分で調べてください」と言えるよねえ？　「××行きのバス」なんて、掲示板にちゃんと載ってんだから自分で見て確認しなさいね。いくら〈少子高齢化が急速に進んでいる市〉として有名でも「自分は高齢者だから、若い子に頼っていいんだわ」なんて思っちゃいけないのよ。T市の学校の先生は、そう仰っているのだから。学校の先生の言うことはちゃんと聞きましょうね。

続!!「S区じゃありえない、T市の特別支援学級」について

「社会に出れば、そう甘くないんですから」という考えで障害児教育を実行しようとすると「だから、あえて厳しくしているんです。障害があるからって周りが甘やかしてはいけません」ってことかね？　「だから、あえて手助けもしません。苦手なことがあっても、克服するべきです」と？　苦手なことに嫌々無理矢理チャレンジさせて、パニックを当事者が起こしたら、自分たちの指導方法を省みることをせずに「パニックを起こすのは、本人の甘えから来ている」と考えると。だから、ほとんど〈障害児の特性・配慮・対応方法〉なんぞ勉強しないで、定型発達児と同じように接してよいと考えているのかね？　自閉症児者の臨床体験豊富なお医者さんの意見も、「それが何か？」って軽視しがちなのかね？

　…と、ガンガン非難めいたことを書いているのは、先週の金曜日に担任と話し合いをした際に感じたことから来ているのだが…。以前いた中学の特別支援学級で「学校の先生って、お医者さん（息子の主治医）の意見とか全く重く考えていない」という経験をしたので、今回は〈自閉症及び子育て全般について著作多数ある、児童精神科医の本〉を持参して話し合いに臨んだのだが、「えっ、まじ??　佐々木正美先生のこと知らないの？」だった。

『子どもへのまなざし』さえも知らないの？　どっしぇ～！
一瞬眩暈がしそうになったが、似た経験は過去何回も経験していたので、まるっきり想定外ではなかったが、「基礎のキソからお話しなければいけないんですね」と内心ため息をつきながら、説明したのだった。学校の先生に、ご教授しちゃったよ。

①佐々木正美先生の『抱きしめよう、わが子のぜんぶ（思春期に向けて、いちばん大切なこと）』を出して

②「この方は、子育ての本を多数著わしている児童精神科医なのですが、こういう普通の子育ての本の中でも～」（と、ページを開いて、更にそのページの拡大コピーを渡す）

③88ページの「自閉症の子どもたちが、自閉症でない子どもの世界や文化にあわせるのはたいへんなことです。不可能といってもよいでしょう」を指し示しつつ、「数十年、自閉症児者の臨床医をしていらっしゃる児童精神科医の方が、普通の子育ての本の中でもこう書いているわけです」

④「ですから、●●（息子）に、〈普通の子どもに近づけさせよう〉〈普通の人々に何から何まで合わせられるように〉という指導は、不可能と思っていただきたいです」と穏やかに説明した。

⑤その後、あちこちの〈自閉症児の親の会〉が出している啓発案内『自閉症の人が困っていたら助けてください』を渡す。そこで、やっと担任は「●●（息子）のパニックは、本人が困っているからなってしまう状態なのだ」とやっと・ちょっとだけ・ほんのかすかに・わかったらしい（といっても、時間が経てば元の木阿弥かもな）。

⑥更に、関連本のコピーを数ページ渡し、マイノリティとマ

ジョリティの違いを説明し、〈自閉症児理解のための基礎中のキソの著作〉を貸した。

①～⑥のことを主治医に説明したが、その際に「本を貸すならこれは？」と、とある本を取り出してこられた。その本は〈S区の中学通級特別支援教室の先生が著わした本〉であった。「それにしても佐々木正美先生も、知らないんだもんね～。それで〈特別支援学級の先生〉ですんじゃうんですね。この業界では有名だと思っていたんだけど」と言い合ってしまった。「よく研修とか行っているけど、何習ってくるんだか？」謎だ。担任に貸した本のうち1冊はこちら。

※『アスペルガー症候群（高機能自閉症）の子どもを育てる本 学校編』
（健康ライブラリー イラスト版） 講談社

ちなみに、主治医が取り出した本はこちら。中学校編もあるらしいですな。

※『教室でできる特別支援教育のアイデア172 小学校編』 （シリーズ教室で行う特別支援教育） 図書文化社

2009年2月13日（金）、T市役所そば『Yホール』にて

今さらながら「なぜ、息子が絶不調だったのか」の原因をここに残しておきたい。タイトルの日に、T地区にある特別支援

学級のうち13校が集まって〈劇と音楽の会〉をしたのだが、その発表会に向けての練習（11月下旬からやり始めた内容）が心身ともにキツカッタのだろう。〈息子が荒れている〉という現象しかわからなかったためと〈何を練習しているのかが断片的にしかわからなかった〉ので、当日にやっと！　疑問が氷解した。

　息子がいる学級の演目が終わった直後に、「へえ、思ったよりやれるんだな」と感心したのはほんの一瞬だった。その直後「だ〜か〜ら〜、あんなに荒れていたのか!!」と見事な出演の裏にあった〈今までの家庭内の修羅場〉を思い出した。息子の晴れ舞台を見て「やらせ過ぎたな…」と内心舌打ちをした。誇らしげな気持ちなんぞ皆無だった。

　という自分の事情はさて置いといて、後日、似た立場の保護者と話していたのだが「あの〈劇と音楽の会〉って、将来何かの役に立つのかね？」とお互い疑問をぶつけていた。学級担任側は、こういう発表会に出ることによって〈出会い・ときめき・情熱〉が発せられて「嗚呼、教育って最高！」と考えているのだろうが、〈やりたくないものをやらされるストレス〉〈ちゃんとやらせたい先生方の厳しい指導〉〈上手くできないと叱咤を受ける〉のガンジガラメの縛りは、う〜む〜。

　今年は出演した特別支援学級のすべての演目を観たのだが全体を通して観て「何か残酷だな」と感想を持った。各学級にいる生徒の能力が、モロ見え状態だったのだ。

　正直に言うと「障害が重い子が多い学級は、余りお上手にできない」「能力が高い子が多い学級は素晴らしい出来！」と露

骨に能力差が見えてしまったのだった。ある舞台では、〈座り込んで何も動きがない子〉もいれば、逆に「すごい！　何あの演奏？　本当に障害があるの？」というのもあったし。前述の似た立場の保護者は「同じ学級内でも〈できる子／できない子〉の間のやらせる比重が違っていて、〈スポットライトが当たる子／そうでない子〉と分けられて、また子供同士でもそれがわかっているから…複雑だ」と言っていた。

　マア、息子の主治医に言わせると、「能力が高い子でも、ムリムリギューギューしぼって指導していたんだろ？」てな感じですが。例えれば〈偏差値70の高校生〉と〈偏差値40以下の高校生〉が集まって、一斉に何かの試験を受けて、大々的に試験結果を発表されるような…て感じか？　学校側は「皆で力を合わせて努力するのが素晴らしいのであって、出来不出来は問題ではない」てな考えなのだろうが、見えちゃったんだよね、能力格差が。

　さて以前に「手話付き歌を特別支援学級の生徒にやらせるのに何のメリットがあるのだろうか？」と疑問を書いたが、この日もあちこちの学級で〈手話付き歌〉を披露していた。「なぜ？

　ねえなんで？　やはり『手話付き歌で子どもが輝く！　特別支援教育！』という教えがT地区で流行っているのか？　『手話付き歌で、子どもの発達を促す！　障害児教育』とか？」以前いた中学の特別支援学級で、息子自身が「ボクは自閉症（手先が不器用と自覚している）なので、こういうのはできません」と言ったら、「障害を言い訳にして逃げている」なんて思われたが、…どこまでも追いかけてくるのね〈手話付き歌〉！　誰か教えてくださいな、〈手話付き歌〉は障害のある子どもに本

当にいいのか？　本人たちが好きでやるなら、別に止めやしないよ、〈手話付き歌〉。手話を習って、それが本当に聴覚障害者に通じればいいけどねの〈手話付き歌〉。手話っていうのは聴覚障碍者とのコミュニケーションの助けになるもので、障害児の「ほ〜ら、こういうこともできるようになったのよ」という風に利用していいのかね？　『手話付き歌』見ている人によっては「その手話本当に正しいの？」なんて追及しないから、手話もどき＝よくやっているという図式になるのかねの〈手話付き歌〉。

　なんだかなあ〜、どこぞの水族館で、アシカが口に筆を持ってヘッタクソな絵を描いているのを観るのと同じ気分になるのはワタシだけ？

　ちなみに通常級に通っている娘に「小学生のとき何回くらい〈手話付き歌〉ってやった？」と聞いたら「２回くらいかな」という答えであった。たったそれだけかい!!

2009・06・14（日）

イッツ　ア　スモール　アンド
ビター　ワールド①

　題名意訳：『この、狭くて、苦い世界』。すっかり心底、すべてのことに参ってしまいました。

　先週の金曜日の夕方にとうとう我慢と忍耐の限界が来てしまって、職場から帰宅後に自閉症息子と大喧嘩をしてしまった。

息子も負けじと襖をぶっ壊すは、ワタシの腕をつねって青アザを作るは、こちらが泣いても、その直後「夕飯つくってよ」と平然と言う息子。修羅場でしたな。

　どれくらいネガティブな感情に支配されているかと言うと…過去も現在もそして未来にも、余り明るい展望が開けない。今のワタシには暗い大きな穴しか見えない。今までの努力はすべて無駄に感じられるし「もう、疲れちゃった」となっている。

　…多分、他の自閉症児の子育てブログとかは「自閉症だけど、障害があるけどでもうちの子は可愛い！」という感じのが多々あると思うが、ワタシのブログでこのタイトルのときの話題はひたすら暗いテーマであるので、読んで滅入る内容かもしれないし、読後感が悪くなること確実なので、繊細かつ心優しい方は、読まないでくださいね。「なら、載せんなよ！」と突っ込まれそうだが、どこかで吐き出さないともうワタシの中でイッパイイッパイなのよ。

　今から思えば以下の風景はワタシへの警告だったのかもしれない。ここ最近、実家の周りでこのようなものをあちこち見かけるのだ。

〈ケアホーム〉とは知的障害者のグループホームなのだが、現住民がその建設にこぞって反対している。

　まあホントにたくさん貼ってあるんだな、これが。「そんなに、嫌なの？　自分の子供や孫とか親戚がそういう立場でも、とことん拒絶するの？」それが一般人の本音なのかね？「知的障害者がそばで居住するのはどうしても嫌だ」ってか？

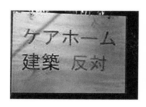 

　これらの写真は４月に撮った物だが、その後どういう進展があったか、ワタシにはわからない。眺めているだけで、そういう子供を持った親は気分が悪くなる。よって実家から足が遠のいておるのだよ。まあ現住民の総意を汲んで、『ケアホーム建設予定が撤回』されたら、ここの住民たちは「自分たちの正義が勝った！」とでも喜ぶだろうね。

イッツ ア スモール アンド ビター ワールド②

『この、狭い、苦い世界②（ワタシの職場について）』。4月初めに求人募集案内を見て、面接を受けて4月10日から週3日勤務のパートを始めた。内容は小さい生協で様々な物流のパッキングなのだが、実はもう転職活動をしている状態である。だって、6月の今「かなり経営が苦しい」「事業縮小」「事業の一部を外部に委託」「職場の土地を一部削る」なんて言っている。勤務年数が長いベテランパート職員すらも、「これからどうなるんだろう？」なんてドンヨリとしている。ワタシなんか一番ペーペーだから、いざとなったらサッサと首を切られるだろう。ならばもう自分から見切りをつけて転職活動をするべきなのだ。「こうなるってわかっていたなら、4月に求人募集なんかするなよ！ バッカヤロー！」と職場近くの川の陸橋を渡る京王線電車に叫んでみるか。

　社長はお話で「原点に戻ってやり直す」なんて仰っていたが、そんなあーた25年近く前の商売の仕方を今更やれってかね？ 大体、ワタシャ4月に入ったばかりで、そんな昔を知らないよ！ …今から思えば、面接のときに現場（物流倉庫）のガラス窓が割れっぱなしなのを見てちょっと嫌な予感はしていたんだよなあ。でも、すぐ職を決めたかったので「採用の電話」にホイホ

イ乗ってしまった自分が悔しい。職場そばの川沿いの雑草に向かって「アタシってだめね」とつぶやいてみるか。

　仕事は一日中ほぼ立ちっぱなしで、様々な物をパッキングしたり、箱に詰めたり、結構肉体労働である。でも、体がキツイことよりもっとメンタル面で「キッツイな」と思いわずらうことが多いのだった。

　あえて告白するが、この職場に会社起業当時から雇用されている知的障害者（男性・40代）がいるのだが、彼の一挙手一投足、話す言葉すべてに、裏で悪口を言っている若いベテランパート職員さんの言動が「聞いてられない。見てられない」状態である。彼が今までどんな苦労をして、社長の思いつきで仕事内容がコロコロ変わる会社で地道に努力してきたのか、あなた（若いベテランパート）にわかるかっつーの！

　彼は多分、年代的・地域的（T市は今もなお、障害児を絶対地域の普通学級へと運動している団体がある）の影響で、〈彼の特性に合わせた教育〉など皆無だったと予想される。そして成人後、一般中小企業でどんなにストレスを溜めて、でも彼なりに必死に生きてきたか誰がわかるかっつーの！　その彼が、若いネェちゃんに見下され、蔑まれ、疎まれているのを間近で見ているのは、「ウチの息子も将来はこうなってしまうのか？「一般企業で働く知的障害者」ってこんな目で見られ続けられるのか？」と哀しくなってくる。

　別に構わないじゃないか、トラックで来る外部業者に「どうも〜」って言ったって。流暢に話せないんだから、完璧を求めんなよ、こんな経営が悪化している会社で！　彼なりに一所懸命野菜をパッキングしているんだから、いちいちコマゴマ大し

たことないことを注意するなよ。わかりやすく図解でもしてや
れよ（悲しいかな、ワタシはペーペーなので、その野菜のパッキングの
方法がわからないので彼に教えることができない）。会社の将来が暗
いからって、非力な彼に鬱憤を八つ当たりするなよ！　彼がそ
ういう風（知的障害を持って生まれてきたこと）なのは、彼の責任
じゃないだろ！　しかし、ワタシが上司にその件（彼についての
陰口を裏で悪し様に言っていること）を相談しても、今の会社の状
況では、相談自体聞く耳を持つ余裕などないな。よってワタシ
は、自分の転職活動をしつつも、彼の将来も暗く見てしまって
いる。彼が「またやっちゃった」とか「ごめんなさい」と繰り
返し言っているのを聞くのは、ツライ。金曜日は、〈彼のその
セリフをよく聞く日〉なので、週末はとっても気が滅入る今日
この頃である。

2009・06・14（日）

イッツ　ア　スモール　アンド
ビター　ワールド③

『この、狭い、苦い世界③』（ワタシの職場から、息子の中学特別支
援学級への『プレイバック Part II』）。
　2009年6月14日、今日の読売新聞に『ゆびさきの宇宙
福島智・盲ろうを生きて』（生井久美子著／岩波書店）の書評が載っ
ていたのだが、「そうそう、こうやって論理的に書いてあると、
健常者といわれる一般人の、障害者に対する感情がどんな愚か

なものかよくわかるよね〜」と繁々と書評を読んでみた。少し抜粋してみた。ちなみに書評者は、黒岩　比佐子氏（ノンフィクション作家）である。

（略）…盲ろう者は怪物でもなければ、特殊な生き物でもないのだ、と。健常者は「障害を乗り越えて立派に生きている」障害者の姿に感動し、称賛もする。だが、その背後には、障害者は健常者より劣っている、という意識がひそんでいないだろうか。再び『広辞苑』を引いてみると、健常者とは「障害がなく健康な人」。だが、どこにも障害のない完全無欠な人間など、この世にいるはずがない。（略）障害者に限らず、貧困、失業、病気、介護、さまざまな問題を抱えて心が折れそうな人たちがいる。暗闇の中で立ちすくんでいるとき、誰かに手を握ってもらうだけで、どれほど心強いことか。それが人間社会で生きる基本の「支え合い」だということを、本書に教えられた。

　この新聞記事を切り取って、その若いベテランパートさんに見せてみる？　多分ワタシは「そんなことやっても、彼女の心には響かないよ」と感じている。そもそも彼女は「あたし新聞読まない人なの」と以前言っていたしな。先週の金曜日なんか彼女ったら「元横綱の曙ってすっごく痩せたよね〜」と言っていたが周りは「？」という反応だった。別のパートさんが「それって小錦（元大関）のことじゃない？」と返して「曙と小錦の違いもわからんのかい！」とワタシは内心突っ込みを入れていた。「あたしも（胃の一部を切り取って、ダイエットに成功した）小錦みたいに手術して痩せたいな」と言っていたが、「あなただって

自分の体重管理ができない、つまりは完全無欠な人間ではないのに、同じ職場の知的障害者の彼を見下すほどお偉いのか?」

　自閉症息子は今の特別支援学級内で、熾烈な・弱肉強食的な・無意味なトラブルに巻きこまれているのだが、特に新1年生の男子生徒（A君）に異常に目の敵にされている。

　A君は徹底的に自分が優位につかないと気が済まないほどの暴力性で息子を追いつめる。その余りの激しさに、担任たちも四苦八苦しているらしい。A君のその行動に、息子が過剰反応して、何かしらA君に言う⇒A君が怒る⇒息子が情緒不安定になる⇒担任が自閉症息子を別室に連れて行く⇒A君別室の窓から息子を覗き込んで「なんでそこにいるんだよ!」と罵声を浴びせる。お前（A君）のせいじゃんか。

　A君のその暴力性は、他の生徒のとある感情を揺り動かしたりする。B君は以前は授業中寝てばっかりか無口でいたのだが、自閉症息子の情緒不安定さを見続けて「ウザイ」と感じ始めたのだろう。寝てばっかりの無口でいたのが、自閉症息子のお尻に蹴りを入れるように活動的になったらしい。

　学校公開中にも、自閉症息子の父親（つまりオット）が見ていようが誰が眺めていようが、AもBもそういう行動をとっていたらしい。情緒不安定になった自閉症息子を後ろから咄嗟に抱きしめたオット（父）。それを傍らで見ていた他の生徒「感動した!」な〜にが感動じゃ!!　噴飯物だ!（ちなみにその日の出来事をオットに問いただしたら、記憶がないと返された。無意識に体が動いていたらしい）。この社会は『弱肉強食』だとは理解しているが、こんなとある中学の特別支援学級内でも、ワタシがパー

ト勤務している経営が苦しい一般中小企業内でも、弱者は強者に踏みつけられる。でも俯瞰してみたら、こんな狭い世界の中では弱者も強者も「目くそ鼻くそ」くらいの違いしかないんだけどね。

　そういう訳で4月は自閉症息子、その余りの過激な環境の変化に、自閉の症状が強く出て来てしまっていた。酷い情緒不安定になって、もうどうしようもなくて、「イザというときは学校早退してもいいです」という約束をしてしまった。

　後日主治医に言ったら「そのA君をどうして早退させないの？　不公平じゃない？」と言っていた。

　さて学校公開中の別の日にワタシが見た光景では、学級内はその超絶多動なA君の気を逸らさないように先生が話すスピードを速めている授業展開を行っていた。後日他の保護者が「その生徒に合わせた授業のせいで、私の子供なんか授業内容がよくわかっていなかったみたい」とぼやいていた。ワタシは担任に「小グループで授業をしたほうがよくないですか？」と忠告はしたのだ。だが、色々ご事情があってそういうのはできず、一斉授業では超絶多動A君のペースにあわせている毎日なのだろう。こんなトラブル続きの毎日の学校生活に何の意義があるのだろうか？　「不登校児のうち半分近くが発達障害だよ」と主治医も言っていたから、もし自閉症息子が不登校の道を選んでも誰が責める権利があろうか？

　とある日、自閉症息子はA君に引っ掻かれて、B君に目を殴られた。その日担任から連絡が入り、夜に保護者からも詫び

の電話が入ったが…。

　A君母「コウハンセイと言われているけど、よくわからなくて〜」「薬（コンなんとか？）が効き始めるのは２〜３ヶ月かかるそうなので」「色々教えてくださいね」

　B君母「本人に学校のこと聞いても何も言ってくれなくて。彼の主症状などもどうしてそうなるのか？　よくわからなくて」

　自閉症息子の抱えている困難性を理解するために、あちこちの講演会や勉強会に通っていた自分が、ちょっと馬鹿に思えた。あっちの病院こっちの相談所を渡り歩いていたのはすべて無駄に感じる。息子を理解するためにワタシは一生懸命努力してきたつもりではあった。

　しかし、結局のところは「よく子供のことがわからないんですう」というノホホンとした母親にワシは敗北したのだ。

８月になっちゃった…

　７月中、滅入るような出来事が土砂降り状態だったので、徐々に自分の理性のダムの警戒水域を越えてしまって、７月29日の朝に自閉症息子のパニックで、こちらもとうとうダムが決壊してしまった。

　今回の息子のパニックの元は〈バスの時刻表の時間を、息子自身が間違えて濃く塗りつぶしたせい〉つまり、「そんなのどー

だっていいじゃん！　そんな・たかが・些細なことで！」の類であった。元々寝苦しかったせいで機嫌が悪かったところに、そういうミスが発生したもんだから、本人徐々に超人ハルク化（表情が険しくなって喚きがちになる）して「時刻表インターネットで打ち直して！」とかギャーギャー言い出し、途中まで調べていたら「違う！」と更に頭に血を上らせて、ヒステリーを激化させ、ワタシの腕を思いっきりつねるわ、蹴るわで「落ち着いてよ」と言っても、もうパニックの嵐が突発的に出現すると酷いのなんのって。

　よく「パニックを起こしている自閉症者本人自身が一番辛いんです」なんて専門家には言われるが、「どうしてこんなことくらいで、こうも激怒するわけ？　何でこんなにワタシは息子に傷つけられるのよ！」と今まで何度こんなことの繰り返しで嘆いたか。その後息子は数時間別室で寝たらケロリとして「今日のお昼何？」と嘆き悲しんでいるワタシに聞いてくるからもうたまらない。ここ数ヶ月、いや色々あり過ぎた７月中の他の出来事で鬱屈していた感情を無理くり抑えて、表面上は明るく振舞っていたワタシもとうとうブチぎれた。その後なんやかんやとして、自閉症息子は足立のジイチャン家にいってもらった。

　そう、顔も見たくない状態なのよ！（…でも、ほんの束の間の自由よね。明日には帰ってくる）。自閉症も色々タイプがあるが、こういう些細なことで激怒するタイプ（癇癪系）が一番扱いづらいと思うのだが、どうだろうか？　癇癪・パニックを起こさないように、あれこれ工夫をして日々を乗り切っているが些細なことにこだわり・小さな他人の間違いを許せず、または順調に進んできたことが、ほんの些末なことで彼が一瞬でパニック

を起こして、すべてオジャンになってしまうのには、ABA（応用行動分析）や TEACCH（米国ノースカロライナ州で実施されている自閉症児の支援プログラム）でも対処法はあるのだろうか？

　ほんのちょっとのことで自分が納得できないとなると瞬時に激怒するんだよ？　構造化なんてあれこれ考える隙を与えてもくれないわさ。誰か教えてほしいわさ。〈怒り沸騰している自閉症児者を、一瞬で静かにさせる方法〉とか。

　約３日経った後でも、ワタシの両腕はどす紫のまばらな内出血の跡がある（ちょうど半そでで隠れるところにあるが、まあ事情を知らない人が見たら、ギョッとするだろうな）。鬱状態も正直調子が悪い。７月 29 日の朝まで精神をギリギリ踏ん張らせていた反動が来たせいか、今のワシは呆けている。しかし、呆けていながらも「こ、これだけは言ってやる〜」とムカついているあれこれを、徐々に文章化する予定なのだよ。ホントにワタシってネガティブ思考。ブログ初期の頃はまだこんなにニヒリズムに陥っていなかったし、まだ何かしら明るい展望を抱いていた筈なのだが。人間は常に変化していくものだが、自閉症息子の癇癪系は幼児の頃から変わんないんだよなあ…。あ〜あ〜。

2009・08・11（火）

夏休みも半分が過ぎちゃった…

　前回で、自閉症息子がいちいち癇癪を起こすのについに堪忍

袋の緒が切れたワタシ（母）は、息子を足立の祖父宅に送り出した次の日に市役所に行って、〈障害者自立支援法〉内の〈移動支援〉〈日中一時支援〉の手続きをやっとしてきた。こういう手続きするのも、勢いでやらないとな。こう言ってはなんだが、自閉症児者と共に生活する家族は（特に癲癇系の子の場合）、ホント煮詰まるから。福祉の支援は積極的に受けないとドツボに嵌る。

『大奥』（男女逆転）のマンガで有名なよしながふみさんの別マンガ『フラワーオブライフ』の４巻で、主人公の春太郎のセリフは今のワタシには結構響く。

　フツーの何がいけないんだ
　俺は普通がいい‼　普通の高校生で　普通に恋愛して　普通に失恋して　普通に恥かいて　普通に普通の人間にはなりたくないと思いたい‼　俺はお前みたいに普通になりたい‼　お前がうらやましい…。（で、その後号泣シーン）

　普通（健常）に生んであげれなかった息子への申し訳なさと、また逆に普通じゃない息子の癲癇をもろぶつけられる自分へ憐憫の情が湧いてきてしまう。
　…で、似たような立場の人（自閉症児の母親）と電話で色々話すが、「お互いの共通の知人の子（複数）がどこぞの施設に入った」なんて話を聞くと「そうか…。やっぱり皆障害のある子供を育てるのに疲れ果てて、結局そういう決断を下すのか。やっぱりな」と妙な納得をしてしまうのであった。どこぞの施設に入った知り合いの子供は、〈近所迷惑を考えて１戸建てにした〉

〈学校では自閉症にとても理解のある先生に会った〉〈子育ての相談者にも恵まれていたはず〉なのに、それにもかかわらず結局は家族はバラバラになってしまったらしい。それならば、〈今まで散々学校にはにがい思いをさせられてきたワタシ〉が、子育てをギブアップしても誰がワタシを責められよう。

2009・08・11（火）

ワタシが怒りっぽい訳

　娘の８月初旬の部活動のイベントは、連日の練習のおかげで好成績で終わった。で、部活動中はずっと弁当持参だったのだが「〇〇子（娘）のお弁当って、おいしい」とお友達に言われて、しょっちゅうおかずを交換させられていたらしい。娘に「ママが作った〇〇がすごく人気があった」と言われたが、「だって、その子たちだって親が作った弁当なんじゃないの？　ウチだけ特別な弁当ってわけないじゃない？」と聞いたら、「だって、他の子のお弁当のおかずって（交換するからわかるけど）冷凍物が多いんだもん」ときたもんだ。ワタシは「冷凍物の何が悪い。冷凍物は忙しい母親の味方だ」なんて娘に嫌味を言ってしまったが、そこでとある古傷が疼く。

　自閉症息子が小学校の特殊学級にいた頃、学級担任とクラスメイトから「給食食え食え」口撃がすごくて、それにイラついてよく息子が癇癪を起して給食トレーをひっくり返していたの

だが…、当時の校長に「給食の内容は、皆同じ分量を、皆同じように完全に全部食べることを強調しないでほしい。たとえ苦手な食べものでも、この分量くらいなら食べられるっていうように子供が納得できるように個別に考えてくれませんか？　そのための〈特別支援教育学級〉ではないのですか？」と懇願したが、「家でインスタントとかスナックとか余計な物を食べさせているから、子供が太っているし、それで給食も食べないんじゃないですか？」と〈子供の食事を手抜きしている母親扱い〉されたのだ。親自体（父母＝つまりオットとワタシ）だって太っているんだよ!!　息子が太っているのは親の格好見ればわかるだろ！　オットなんか若い頃は元読売ジャイアンツのデーブ大久保と斉藤雅樹を足して２つに割ったような人って言われていた！　こっちがどれだけ食べものにこだわりを持つ子供に苦労させられているか、あなた方にわかるか!!　自分たちがスタイルいいからって〈スタイルがいい＝バランスがいい食事を取っている〉と思っているのか！

　いや〈障害児の親〉だからそういう言葉を使うんだろう？これが健常の子供だったら、親にそんな言葉使わないだろうよ。数年後、娘のお友達にワタシが作ったお弁当の中身を褒められても、ワタシの心の傷跡が疼くだけだった。

　息子が小学生のときの特殊学級は、正直に書くが発語が全然ないカナータイプ（養護判定が出ていても地域で子供を育てたいという親の願い）の重度の児童が多かった。ところが、〈特別支援教育〉という言葉が浸透すると共に、なんだか特別支援学級にいる生徒の中身が変化している。今の特別支援学級では息子自身

が〈重度の子〉扱いなのだった。まあ前のブログに書いたとおりに、息子より立場の強い子供が増えたので、担任も〈皆一緒に〉という方針を捨てて、息子だけ別室のマンツーマン指導をし始めたのは、６月も半ばであった。

「マンツーマンなら、彼（息子）も落ち着いて勉強できますから」確かにそうなんですけどねえ、子供の目線から見れば「あいつだけ別室に隔離した。自分たち（立場の強い子供）の勝利」とも考えられまいか？　ワタシは「小グループ化してほしい」とお願いしたのだが。というか、その超絶多動のＡ君こそ、マンツーマン指導が必要なのではないのか？　息子の主治医も言っていたぞ。「中学でそんなに多動なんてありえない」って。小学校のときどんな指導受けてきたのやら。

　しかし、超絶多動Ａ君は他の子のシンパシーを得て、下校時もつるんでお帰りあそばしておる。Ａ君があの特別支援学級のヒエラルキーの頂点に君臨するのも、時間の問題だろう。だってその子に面と向かって「うるさい！」って注意するのは息子しかいないからねえ。以前授業参観したオットとワタシの勝手な見解なのだが、そのＡ君って〈発達障害〉にはどうも見えないんだよねえ〜。「じゃあなんで超絶多動なんだ？」なのだが、発達障害ではなくてもそういう生徒は実在するんだよねえ。

　更にクラス内をよーく観察すると、「どう見ても、ぶっちゃけて言えば〈ただ低学力の、大きな集団に適応し辛い生徒〉であって発達障害ではなかろう」って子供がちらほらいるのだ。〈自分は障害児じゃない〉のに、諸々の事情で特別支援学級にいるからまあ不本意でしょうね。だから、〈リアル自閉症息子〉が何か言ったりふざけたりすると、「ナンデコンナ変ナ

奴に言ワレナキャイケナインダ？」なんてすごくムカツクんじゃないかい？　なんなんだよ、これは？　どーしてこうなっちゃう訳？「文部科学省での〈特別支援教育〉の対象はLD・ADHD・自閉症（高機能やアスペルガーも含む）など障害のある児童じゃないの？」と息子の主治医も仰っていたぞ？　そして〈ただの低学力の、大きな集団に適応し辛い生徒〉は、逞しく繁殖している。とある別の所でも…。

混濁する「特別支援教育」

　こういう意見をブログで書くのはちょっと躊躇してはいたのだが、でも一方で「同じと感じているのは、ワタシだけではないだろう」とも推測している。〈特別支援教育〉という名の元に、「（障害があろうがなかろうが）どの子にも特別な支援が必要なのだ」という考えが一般的に広がっているような気がする。まあ、親からすれば我が子は〈特別〉ですから、我が子の普通の学校生活（大集団／一斉授業）に何かしら不都合があったら「我が子にも特別に支援してほしい」とは思うだろうな。見学した特別支援学級が〈少人数制／きめ細やかな指導〉をしていたら、蛍じゃないけど「こっちの水は甘いぞ」と思うだろうね。そしてこういう親の教育方針は、中学以上の学校に顕著に現れているような気もする。

　ここ数ヶ月あちこちリサーチしたり、同じような立場の親と

情報交換もしてきたが、いつの間にか「特別支援学校高等部・産業技術科に入る条件は愛の手帳が必要です」という言葉が反古にされているのだ。何回か学校説明会に行くたびに「入学資格者は愛の手帳を持っている人」と強調していたくせに、いつの間にか「愛の手帳を持っていなくても（入学予定の）学校所定の診断書があればOK」となっているのだ。「何それ？　今まで聞いてきた話と違うじゃない？」と親同士で憤慨していた。

「〈愛の手帳がない人＝知的ボーダー〉または〈IQ高いけど、発達障害〉の生徒のほうが〈愛の手帳持っている人〉より、入学試験は圧倒的に有利じゃないのか？」

「成績順なら〈愛の手帳を持っている生徒〉は産業技術科に入れる可能性は低いよね」

「入れたとしても、周りの生徒のほうが出来がいいのは目に見えている」

「調べたところ、産業技術科のひとクラスの生徒約半分は〈中学までは通常学級〉だと」

「そんなに中学の通常級に〈発達障害児〉がいると思う？　我々の子供みたいにそういう子は余程学力に問題がない限り、早々に特殊学級に行くでしょ？　ただでさえコミュニケーションに苦労しているんだから」

「産業技術科を見学したけどさあ〈学力以外は全然フツウ／コミュニケーションと社会性には何ら問題なし〉の子ばっかりだったんだよねえ」

「つまりは、産業技術科は小さい頃から特殊（特別支援学級）出身の生徒には、既に狭き門じゃないの？」

「実際、特殊学級から産業技術科に入った知り合いが、疎外感

を感じて苦労しているらしい」

「何でこうなっちゃう訳？」

〈診断書1枚あるだけで入学試験が受けられる〉なら「我が校は生徒の手に技術をつけさせて、就労100％を目指します！」のほうに子供の人生を賭けるかもねえ。なまじどこぞの偏差値の低い高校（でも高校なのよ。特別支援学校高等部は高校扱いじゃないよ）に子供を入れて、中途退学とかされたりしてフリーターになってしまうより、一刻も早く経済的自立を我が子に望むだろうな。

　後日、年子妹の担任と親だけの二者面談をしたのだが、その際にちょっとカマをかけてみた。

「中学が通常級でも、低学力で集団に適応できない生徒などは〈特別支援学校高等部・産業技術科〉に進学する生徒いますかね？」答えは「そうですね。M学園でしょ」だった。つい「普通の子だったら、普通の学校へ進学してもらわないと困るんですよね」と八つ当たりをしてしまった。「すみません」と言われた。

　…いや、誰の責任でもないんだよねえ。ただ、色々な思いが混じりすぎたせいだよねえ。どの親も、我が子の将来がバラ色になるのを願っているんだからさ。…と、情緒的に終わらせてみるか。

自閉症の人の泣き所は、
やっぱあれでしょうかね？

〈非自閉の人々〉は、やはりその場の環境に臨機応変に対応する能力があるのだろう。…と知り合いの入試結果を聞いて考えた。逆に〈自閉症系の人々〉は、その点が弱い。よくいえば環境に繊細？　キツク言えば環境に適応するのに脆弱？　その場の環境に臨機応変に対応するのに想像もつかないストレスが常に付き纏っているのだろう。とはいっても〈その場の一発勝負に強い自閉系の輩〉も存在するけどね。日常には弱いのに、年に数回しかない学校行事にはケロリンと参加できる人もいる。ワタシから言わせれば、「なんで？」なのだが。

　さて、息子のいる特別支援学級（1～3年生まで全員一緒の教室）に、春に新1年生が大勢入ってきて、そのうちの1人の超絶多動A君に自閉症息子はえらくストレスを溜めていたが、他の子は〈へのかっぱ・カエルの面に水〉状態だった。その超絶多動ぶりは親のワタシも実際見て「…絶句。なぜずっとこのまま放置プレイしていた？」状態だったが、周りの生徒はえらく冷静だった。逆に冷静になれずにその子に文句を言っている息子のほうが「ナニアイツ？」と白眼視されつつあったのだった。「あの超絶多動ぶりを見て何も感じないのか？」と長い間疑問に思っていたのだが…やっと最近その答えがわかったのだった。「そうか、その超絶多動A君が今までいた小学校では、こ

ういう状況がフツーだったのだろう」と。教室内で学級崩壊状態になれば、〈超絶多動の生徒が何人もいるお祭り状態〉だったんだろう。だから、超絶多動児がたった１人しかいない少人数の教室なんか「それが何か？」なんだろうな。素晴らしい環境適応能力！　というか鈍感力！　にぶいっていいね。感覚過敏な我が子にトホホ…ってか。

　…よくよく思い出してみれば、年子妹が卒業した小学校だって数年前滅茶苦茶荒れまくって、暴れん坊が卒業した次年度にやってきた新校長が父兄にいきなりこう言ったもんな。「この学校に赴任することが決まったとき、周りから『お気の毒』と言われました」なんてさ。親を挑発かつ牽制攻撃をしかけたんだよね。

　息子が小学校特殊学級にいたときも〈算数を解いているグループの真後ろで、アンパンマンの読み聞かせをするグループ／つい立てなんぞ何にもナシ〉という劣悪な環境で過ごしたが、「同じ教室内でこういう授業するかな？　空き部屋なら他にあるじゃないか？　おまけに算数（他の答えはどんなのある？　って子どもに聞いて。算数の答えなんか１つしかないだろっつーに‼　アンパンマンの頭がどうにかこうにかしてＸがＹと合わさってなんたら〜）のなんだこの授業は！」と授業公開中頭に血が上っていたものだが。なんてこたない、小学校の通常級でも〈子どもがじっくり静かに授業しているクラス〉なんて奇跡の教室ものだったんだろう、と嫌味を連ねる。

　そう確信を得たのは、今月初めに報道された、
「文部科学省は30日、全国の小中高校を対象とした2008年度

の『問題行動調査』の結果を公表した。児童・生徒の暴力行為の発生件数は5万9618件（前年度比13%増）で過去最多を更新」

　という記事を読んだからだった。文部科学省に詳細は載っているが、52ページもあるので全部読むのは挫折してしまった。「問題行動調査：キレル子ら、戸惑う学校、暴力6万件、警察通報も積極的に」「学校調査：児童・生徒の暴力行為は過去最多」という報道もあった。

「これからの特別支援教育の対象は、発達障害より反抗挑戦性障害の生徒がメインになるだろう」と思ったのだった。イヤ、もう既にそうなっているか。

2010・01・21（木）

中学特別支援学級の
イジメについて

　今更ながら、新年あけましておめでとうございます（誰に言ってんだか？）。

　1〜2学期に学校と家庭で荒れていた自閉症スペクトラム息子は、冬休みが来たとたん、憑き物が落ちたように静かになってしまって、今もなおその状態は続いている。冬休みが来る直前まで、彼のストレスの八つ当たりで、ワタシとオットは、疲弊しまくっていた。ワタシはオットに、「おまえさん、お願いだからヒラ社員になって定時に帰ってきて！　ワタシはもうこの子を育てるのに自信が無い!!」と泣き喚いていたほどだ。普

通時代劇なんかで「おまえさん、お願いだからかたぎ（堅気）になっておくれよ」と妻が博打打ちの夫に泣いてすがるのがパターンだが、逆じゃんね。

　４月の段階で、息子が「お母さん、お願いだからあのＡ君（超絶多動）に静かにするように言って！　Ａ君のお母さんにもそう伝えて!!」と泣き喚いてねえ、その執拗な無茶な願いと息子自身の〈ストレス性自閉症状〉が酷くなって、保護者会の日にはワタシ自身が胃痛になってバックレタのであった。

　…で、あれこれ工夫をして、息子だけ隣室でマンツーマン授業を受けることで解決するかと思いきや「休み時間になるとクラスメイトとトラブルんです。後お昼休みも」と連絡帳に書かれるのだった。休み時間？　たったの５分じゃない？　なんで？　とある日、忘れた体操着を届けに行ったときに、ワタシは休み時間の様子をチラッと見たのだが、休み時間に〈はっきり言って息子を見下している輩・クラスメイト〉がワラワラと息子がいる部屋に遊びに来ているのだ。息子と遊ぶという訳ではなくてちょっかいを出しにからかいに来るのかーーという感じ？　休み時間は担任たちは次の授業の打ち合わせで忙しいし、ピアティーチャーは別の子に関わっているし、たかが５分の休みが長いことよ！　悪意を持って息子に近づく一部のクラスメイトに、ニコニコと接する息子が憐れだった。

　そういう緊張状態の最中に、男女間の問題で「オレの女に手を出すな！」と新たにＺ君の執拗かつ粘着攻撃を受け始めた、ちょっとそれは〜てな感じで。２学期のとある宿泊訓練は、息子自ら「Ａ君とＺ君がしつこくてケンカになるから、僕は宿泊

行かない」とまで言うほどのしつこさだった。自閉症児も〈常同・反復・こだわり行動〉というのがあるが、その当事者（息子）が「あの子はしつこい」って言うのはなに？　何だねそりゃ？

　乙君のその情念の深さは、とうとう喧嘩がらみになって…「こりゃ、相当ヤバイ」とワタシを悩ませた。ちょうどそのとき「いじめていた同級生を数人で殴り殺した挙句、殺人を隠蔽しようとした。苛め殺人／沖縄」という事件があって、「今の子はいとも簡単にここまで暴走するのか。まして、1人の女をめぐる男同士の争いは情がからむから余計まずい」と煩悶しながら喧嘩の際に壊れた息子の腕時計を呆然と見ていた。もちろん親自身もそういう学校での荒廃状況をただボンヤリと見ていた訳ではなかった。

● 息子の服用する薬を主治医と相談して強いのと変える。本人が眠くなって反応が鈍くなれば、どうにかなるか？

● 昼休みに特にトラブルが起こるなら、給食食べないで帰宅させる。

● 朝のバスで出会ってお互い嫌な思いするなら、時間をずらして登校させる。

　これらを試してはみたが、うまくいかなかった。悩んだ挙句、「今から特別支援学校へ転校しちゃおうか？　年下の子にここまでいたぶられるなんて」とか「もう不登校しちゃおうか。いいじゃないか、不登校しても。知っている子なんか、月4回しか学校行ってないんだから。レッツ不登校！　大丈夫！　中学は卒業できよう！」とフリースクールに2人で相談にも行った。「ストレスフルな不健康な通学と、不登校だけど健康的なのと、

どっちがいい？」と…今も答えは出ない。

先生、やっぱり息子は
イジメられていたんですね

「さあ、今度こそ不登校しよう！」と思っても、不登校するにもお金がかかるのである。親子で学校を休みがちになりつつ、あちこち相談機関につながってみたのだが「学校の外へ出て何かするにも、お金がかかるなあ…」という状態だった。

　北風の寒い中、東京西部のS嵯学園T分校に相談に行きながら、その帰り道にこうも考えていた。「なんで、うちらだけこんなに苦労しなければいけないのだろうか？」と。息子にちょっかいを出す側の生徒なんか、〈自分たちの学校内での出来事、特に都合の悪いこと〉なんか親に何１つ言わないだろうし、親だって「学校に毎日通ってさえいれば安心、本人が何も報告しなければ平穏に学校生活を過ごしているんだろう」と思っているだろうし。うちら親子とはまるっきり逆な平和な生活を営んでいるんだよなあ。理不尽という言葉が頭に浮かんだ。

　まあ結局の所、フリースクールに通う前に、学校側が対応してくれたのだが。隣の教室でマンツーマンではなく、また更に距離を置いて、別の建物に息子を移動して〈完全隔離〉という環境に息子を置くように手配してくれた。ピアティーチャーも

更に増やしたらしい。「まるっきり邪魔者扱いかい」と一寸ム
カッと来たが、逆に「ちょっかい出すあいつらは、発達障害じゃ
ない！（ではナンだ？）むしろ同類扱いしないでもらいたいもの
だ」とすぐ思い直した。

　息子の淡い（？）初恋も、後ろで息子の行動を粘着で見張っ
ているＺ君がいる限り「あんさん、あの女の子は止めなはれ」
と言い聞かせた。あの子（女子）に近づきたいと思えば思うほど、
粘着ネチネチＺ君のジェラシーがもれなく付いてくるという
嫌なオマケがあるのだからと。

　さて、タイトルの意味はだねえ、あちこちの相談機関のうち
１つに絞った〈東京大学相談心理センター〉でのカウンセリン
グでのやり取りの中での言葉なのだが、息子をそのセンターに
初めて連れて行ったとき、息子本人の口からこう出たのだよ。
「クラスの子に（自分が）いじめられて」と。その言葉は息子
の口から自発的に出たもので、その前までは誰にも（父母にも）
言わなかった言葉だった。

　あえて厭味ったらしく書くが、〈小学校まで通常級⇒でも中
学は特別支援学級⇒障害児扱い〉って、大なり小なり本人自身
に挫折感を植えつけるだろうからねえ。周りの目も気になるし、
自分のプライドも傷ついているだろうし。小学校の通常級で、
何かしら居心地悪い思いをして、こちらに移ってきたんだろう
し。鬱屈した気持ちを抱えながら中学に進学するのって、辛い
わよねえ〜。その中で呑気そうな人間が近くにいたら、自分の
モヤモヤした感情をぶつけたくもなるわよねえ？　ひょっとし
たら〈自分が通常級でやられたこと〉を、その呑気そうな人間

にやってやることでウサを晴らすって感じもある？ またその呑気そうな人間が〈リアル自閉症〉でヘンテコな行動をしていたら、見ているだけでイライラするわよねえ？ 自分のことを今までの世界（小学校通常級）では理解してもらえなかったんだから、そんな奴・リアル自閉症のことなんか理解しようなんて気持ち…ある訳ないわよねえ？ 皆無だろ？ 分析し続けると滅入ってきた。もう止めよう。

　正月、近くのどんと焼きの会場で、年子妹の同級生の親と会ったのだが、「今クラス内でいじめられているけど、担任に訴えても何もしてくれない。逆に『お子さん自身が闘ってください』なんて言うんだよ」と嘆いていた。ワタシは内心「ふうん、特別支援学級だからこそいじめ問題をきめ細かく対処したんだな。通常級だとナンにもしてくれないんだ」と考えた。そのままにしておいていいのかね？ もし沖縄みたいな事件を生徒が起こしたら、「その学校は何してたんだ！」って責められるのに。火はきちんと消さないとね、危ないんだよ。と、どんと焼きの炎で正月飾りが落ちるのを眺める。

2010・03・16（火）

ロード・トゥー・ザ・税務署
（税務署への道）

　相変わらずナンダカンダあったのでPCのキーを叩く気力が

湧かなかった。

- バンクーバーオリンピックで、TV番組の変更に自閉症スペクトラム息子がイライラする。
- その息子が「日本は金メダルを必ず取れるとは限らない？」と何回も聞くので、「全然取れない！」と言い返す（皆TVで「金・金」とうざかったわよ）。
- 息子のバスストレスが嵩じて、親の神経ももう持たなくなったので〈帰りは有償の送迎ボラさんに頼む〉ことにする。バス通学は行きだけにした。もうすぐ卒業だしね。
- 朝のバス混雑について嫌がるようにもなったので、「もう2時限から通ってよろしい（フレックス制）」で、帰りが「給食ナシでかえってよろしい（イジメ問題回避）」なので、学校での勉強時間は更に短く…に成り果てる。本人のストレスを軽減させるのが我が家の方針だから致し方ないのだが。
- 息子の進学する学校の説明会やら、制服採寸やら。一方で年子の妹の高校進学ももう視野に入れなければならない。
- 実家の母親の〈生活習慣病のデパート化〉が更に悪化する。常に「何だか調子が悪い」と言い募るし、精密検査入院したのにすぐ帰りたがるし、「糖尿病の影響で、以前手術したはずの左目が、実は見えなくなっていました」とか判明するし。父もワタシも「『左目がヤバイ』って自分自身は自覚していたんでしょ？」と本人に訊くもにゃららとはぐらかすし。「母は元々病弱」って意識的に思うようにしているのだが、一方で「永年の不摂生で色々な病気になってんじゃんか。何で偏差値高い4年制大学出ていてそういう基本的なことがわからないのか？　いくら戦中派で子供の頃食べ物に苦

労したからといって」と時々猛烈に腹が立つのである。老母から「調子が悪い」と言われてもこちらは自閉症息子の世話で手一杯なときもあるのだ。「依存するな！」とも言いたいが、老父ばかりに負担をかけるのもそりゃまた可哀想なのだった。長男一家（ワタシの兄）？　いるよ。老父母とはなるべく関わらないという距離で付き合っている。というか、親自身が「長男には、自分たち（老父母）について余計な心配をかけたくない」って気を遣っているんだって。なんじゃそりゃ。…こうやって深く考えるともや〜とするので、そろそろ意識的に止めよう。

　まあブログが停止していた本当の理由は「２月16日〆切の医療費控除の書類作成で悪戦苦闘していたから」なのだ。約３年分の医療費払い過ぎの書類をコツコツ整理するのにえらく時間が掛かった。「しかし今これを出さないことには！　今やらなければいつやる！」と必死にやりましたよ。これは〈年間の医療費10万円以上掛からなければ、整理してもムダ〉なのだが、ワタシが鬱病を患ってからは〈どう考えても医療費増加しているだろう⇒よって家庭内経済が不況化〉になっていた、躁鬱病を発症した３年前から。去年はそれに〈娘の歯の矯正〉も入ったので「…よくまあこの１年耐えたものだ」と溜め息が出てしまう。

　余りの家庭内不況に、ワタシ自身がパートに働きに出るも〈学校にいる息子から、SOSの電話が勤務中に入る〉というストレスが更に発生…なんてこともあったなあ（ちょっと遠い目）…。しっかし３年分の医療費を眺めつつ記録するのは、同時にいろ

いろな記憶がよびもどされた。「ああ、この息子の診断書代・主治医の意見書は、教育センターに〈転校願い〉を相談する際に『主治医の意見を持参した方がこちらに有利に物事が動くであろう』と思って作成したものだ」とか「あんまり胃痛がひどくて、胃カメラのんだっけな」とか、「息子のパニックが酷くなったので（そりゃそうだ、学級内でイジメを受けていればストレスフルになるわ）精神安定剤を増やしてもらったんだ。…イジメた側はそんなもの（薬）必要なかったよねえ。不公平よねえ〜」等々。

　もうすぐ卒業式だが、ワタシは式には行かない。行けばそいつら（イジメた奴ら）に後ろから蹴りや拳をいれたくなるから。息子がされたのと同じことをしたくなるから。ファイナルカウントダウンはもうすぐだと自分を奮い立たせる。

2010・03・18（木）

血のつながりを
あまり重要視しないワタシ、だから…

　このところずっと実家の母が何度も「自分が子供の頃育った場所に行きたい」と注文しそれに応じていた父だったが、さすがに繰り返されると「オレは、こんな無意味なことに付き合うのは嫌だ！」とヒスを起したので、わたしが代わりに付き添って〈育った場所／恵比寿近辺／お寺の側〉に連れて行った。移動支援は息子の鉄オタ活動で慣れているから、ワタシはそういうヒスはないなあ。でも息子の外出先のプチパニックには閉口

するが。で、現地に着いたら、母はずーずーしくも、その当時から変わらずあったお寺の若い住職さんに何十年前の話をほにゃららとして、まあ住職さんもご寛容にもお話を合わせてくださったものだった。

　母に同行するとき支えて歩いてあげているのに「足が痛い〜」と言われても困るよねえ？　もうそろそろ、高齢者用手押し車でも使わせるか？　本人嫌がりそうだが。

　もうすぐお彼岸だからか、墓参りの話からオットの母親（血はつながってない、オットの実母は幼少時亡くなっている）を思い出す。料理教室を開いていた人だったから〈お袋の味、家庭料理〉などは、実母より義母にみっちり仕込まれたんだよ。おかげで、食に関してうるさいオットと息子に対応できる家事能力を身に付けることができた。〈食育・季節の料理・健康と食べ物〉に留意していた人だったが、最期は癌で亡くなってしまった。今年の４月の１２日で何回目の命日だろうか。
　もしオットの母親が生きていたら、こんな本を読んだらどう思っていたのかなあ。ワタシは１ヶ月前この本を読んで、ゲラゲラ爆笑していた。

『家族の勝手でしょ！　写真274枚で見る食卓の喜劇』（新潮社　岩村 暢子）

　まあこれを読んじゃうと、タイトルの方向に考えが行くワナ。それぞれの家庭の食卓をのぞくと〈家族の血のつながり〉なん

てどれほど重きを持つものなのか？　どんどん軽くなっていくんだろうね。

昨日は自閉息子の
中学校卒業式

　昨日はＴ市のどこの中学でも卒業式だったが、予告どおりワタシは式には出席しなかった、オットは出席したが。自分が出席したら、息子を苛めた連中を見て、自分が何するかわからなかったからなあ（例：背中を蹴る・横っ面を張り倒す・首根っこつかまえて「もし来年再来年同じ学校に来たら承知しねえぞ、この野郎」と脅す・等々暴力行動）。そうなったら担任にワタシが、後ろから羽交い絞めされそうな展開になりそう。そもそも、卒業式で泣くなんて感傷なんか今のワタシにはないもんね。だって息子の中学時代には色々悩まされたし泣かされ続けたから。「やれやれ、やっと離れることができた」と安堵の息をついたよ。

　…息子の主治医に先月慰められたしなあ。「特別支援学級って人数少ないことがいい場合もあるけど、逆に相性が悪い生徒が集ってしまったら、色々厄介だからね。息子さんみたいなパターンで『やっと卒業できる！』と喜んでいる家庭は他にいるから」だって。まあ学級の先生方には、ワタシャ怒っちゃいないよ。他の生徒の〈情緒のこじれ〉がすごくて先生方の手を煩わしていたから、むしろ同情してあげたよ。

あの超絶多動のＡ君が卒業式の間、座っていられたらしいなんて、ちょっとビックリしてしまったよ、よく躾けられたもんだ。オットは「通常級の３年生で、卒業式でもネクタイゆるめのリボンゆるめの生徒っているもんだねえ」とその生活態度のゆるさに妙に感心していた。他中学の年子妹は「それどこの中学？」なんて皮肉っていたが。そんなゆるゆる行動は慎んだほうが良かったのにねえ。Ｔ市のお偉いさんがご出席していたんだから。

　ワタシはオットと息子がそうこうしている間、自宅の家事をした後、実家の父に頼まれた服のアイロンがけをして、差し入れ用のホワイトシチューを作って届けにいった。途中で100円ショップへ寄って〈実家用の炊飯器の側に置くしゃもじ入れ・伝言板用のホワイトボードとマーカー・仏壇に供える仏花〉を買った。100円ショップ内を歩いていたときに、実に印象深い光景を見たのだがその話は次の機会に回そう。

　実家のイヌは、散歩と食事以外は結構放任されているので、ワタシの顔見て「遊んで遊んで〜」と尻尾振ってスリスリしてきた。腹まで見せて「かまって〜」とまできたもんだ。「…お前また汚れてきたネェ。でも今日は洗えないよ」と伝えた。ネコは相変わらずベッドで寝ているが、ワタシを見ると以前は逃げていたが今はゴロゴロ言う。よくここまで甘えるようになったもんだ。そうこうして自分の家に帰宅したのだが、やはり息子は今日の〈卒業式＝学校行事〉で緊張していたのだろうか、

テンションがずっと高くて、1人で〈あっちの話題・こっちの話〉を延々としだして、しまいにはプチ癇癪を自作自演していた。自分の話に、自分でコーフンしてしまったらしい。

「KOバスのT営業所の運転手さんたちは他営業所よりアナウンスに努力をしていない。それが気になる」とか、

「どうして皆4月に定期券を新しく購入するとき、自動券売所を使わなくて受付窓口を利用しなければならないのか？」とか、

TV番組の特集がどうしたとか、過去の鉄道イベント時の父親の行動についての謎とか、よくまあしゃべくりまくるので、靴擦れが痛かったワタシもさすがにうんざりしてきて苛立ち、少々怒ってしまった、お祝いの日だというのに。だから学校行事って息子のメンタル面にこういうややこしいことが起こるから、嫌いなのよ。ちなみに年子妹は卒業するクラブの先輩とのお別れに涙涙だったらしく、からかったら「泣いて悪かったね」とふくれた。

う〜む、どちらがスタンダードな卒業式なのか？　それとも、ワタシが一般の親が持つ感覚からずれているのか？　何にも泣けない。…そして今日は、朝早くからオットと息子は〈また！　何回目だ？　の秩父鉄道SLの旅〉に行っている。「影森中学校の側を通るから、そのときに『旅立ちの日に』の歌（合唱曲のCDをipodに入れた）を聞く」のだそうだ。『旅立ちの日に』という歌は、秩父の影森中学校で作られたんですと。

「泣いてはいけません」
と彼はくり返し言った

　昨日実家へ寄る前に、100円ショップで雑貨品を見ていたときだった。若いお母さんが、後ろ手に髪の毛クルクルの幼い女の子を連れて歩いていたのを眺めていた。ところで100円ショップというところはやたら物が棚に溢れているので、幼児の目線のところにも当然品物（それも固そうなのが）が陳列してある。だから「ヨタヨタ歩いて危なっかしい」と思った瞬間、その子がその陳列物にぶつかって転んだ。痛ければ幼児はそりゃ泣くワナ。なのにその子のお母さんたらこう怒るのだ「ボ〜としてんじゃないわよ！」って。「ボ〜として子供の様子を見てなかったのはあなたでしょうが！」とワタシャ感じたね。「大丈夫？」「痛くない？」とかの声かけじゃなくて、叱責なんだもん。「なんだよ、その子は悪くないよ。こういう所では幼い子は抱っこして品物見るべきでしょうが！」

　ふと前方を見ていたら、とある男性が元々近くにいたのだが、その母子の様子を見て、動揺していた。そして彼はその母子に、イヤ泣いている幼児に「泣いてはいけません」と何回も言い始めた。「ああ、息子と同類（発達障害系）の人だな」と瞬時に理解した。泣いている幼児をやっとダッコした母親は、彼のそのリアクションに動揺した。足早に去っていく母子を追いかけながら、彼は「泣いてはいけません」と追いすがり、焦った母親

は「大丈夫ですから」と言いながら、その店からいなくなった
のだ。

　ここのところ、こういうパターンが多いと思う。つまり、「一
般の人たちのそんなバカな（！）行動を見てしまって、発達障
害系の人が動揺してしまう」パターンだ。そして激しく動揺し
てしまう発達障害系の人たちの様子は、逆に周りから奇矯に思
われてしまう…という悪循環。「彼（発達障害系）も気の毒に…。
まさかあんなシーンを目の前で展開されるとは誰も予想だにし
てないよ」「彼の動揺（幼児が泣き喚いたのが多分彼の地雷だったの
では？）のほうが、あのお母さんの心情より大変よ」このパター
ンは、息子の（バスストレス）にも似ているかもねえ。ホント
このところバス乗車時に「そんなのアリなの？」って目が点に
なってしまう光景が目に付くは、経験はするわ。困ってしまう
…。

2010・03・26（金）

さすがに自分の限界がきたのよ

　何について限界かと言うと、

①自閉症スペクトラム息子の日常の世話（彼の鉄オタ活動とか、
　移動の付き添いとか）

②実家の母親と父親の介護・家事（犬洗いも含む）支援

③マンションの理事会役員の仕事（雑多の事色々）

④どーして息子が卒業した中学から「PTA活動があるけど出ら

171

れます？」と電話が来るのかね？卒業したのに、卒業したの
に～！ まだやることがあるのか？ それくらい見逃してく
れよう！

　まず、①と②は、「ワタシの代わりがいない」という情けネ
エ状況なので、疲労が蓄積されるのだ。①で、「ガイドヘルパー
さんを利用すれば？」と思えども、どこの事業所も手一杯の早
いもの勝ちで、ワタシは常に負け続けている。
　②で、「ダスキンメリーメイドとか、高齢者専門ヘルパーさ
んとか利用すれば？」と親に進言しても、母親が嫌がるし（赤
の他人が家に入るの嫌なんだってさ。だって兄嫁〔ワタシの兄の妻〕で
さえ、実家のキッチンに立ったことないからね）。
　もちろん、土日は息子は父親とあっちこっち出かけているが
「じゃあ、その間に実家に行って…」なんてやってしまうと、後々
自分の身体に負担がかかるのだった。大したことしてなくても、
くたびれるんだよ～。
　②のせいで疲れやすくなっていたのに、次の日に今年2月か
らボチボチ始めた「息子の東京大学心理相談センターでのカウ
ンセリング」への移動に付き添いをしたら、さすがにバテバテ
になってしまった。で、その次の日も①（息子）用の外出日だっ
たのだが、「…もう動けない」と息子にドタキャンを告げたら、
激怒しまくった。怒るのは十分わかっていたが、もう体力の限
界だったのだよ。ひたすらワタシは謝りまくり、土下座しまくっ
たが、自閉症息子は久々の大パニックを起こした。どうにかこ
うにかして怒りは収まったが。
　息子の心境を例えてみれば「楽しみにしていたコンサートが

アーティストの一方的な都合でキャンセルになった。会場まで来たのに、どうしてくれるんだ！」という感じ？「なるほど、これも１つの介護疲れ？　やっぱ①〈障害児を育てる〉と②〈高齢者介護〉を両方やるのはくたびれるんだ」と思い知ったのだった。日常の家事も勿論やっているし。

　…そういうときにまあ間が悪いことに、③の件でナンダカンダ他の役員からの仕事依頼携帯メールが来たりして、「ワタシはもう疲れきっているのに〜。もう勘弁してよ〜」とついつい怒りがこみ上げてくるのだった。今度の理事役員会で、理事長に今更ながら言おうか？「障害児の世話は皆さんが思っているより大変なんです。ですから今後は輪番制の理事役員からは、外してください。もう限界です」とか。でもそのセリフも今更なんだよねえ。だって５月までの任務だもの。今頃文句言っても遅いんだよね。そもそも理事長がPCで文書を作れない方って言うのが、雑用が増える一因でもあるし。他役員も（口は達者。PC関係はできる人にお任せ）なんだもん。PTA役員をしたときも感じたが「PCで文書を作れる人に雑用が集中する。できない人のほうが楽チン」という人生の摂理！　を発見したよ。

参考文献一覧

- 平成 17 年度『知的障害養護学校における自閉症の児童・生徒の教育課程の開発、研究事業報告書』／都の教育委員会発行

- 平成 18 年 3 月発行
『自閉症の児童・生徒のための教育課程の編成について／新たな指導の形態として「社会性の学習」の創設』

- 「14 才の母」井上由美子脚本（日本テレビ）

- 『発達障害の子どもたち』杉山登志郎著（講談社、1992）

- 『風のガーデン』倉本聰脚本（フジテレビ）

- 『抱きしめよう、わが子のぜんぶ（思春期に向けて、いちばん大切なこと）』佐々木正美著

- 『アスペルガー症候群（高機能自閉症）の子どもを育てる本　学校編』（講談社）

- 『教室でできる特別支援教育のアイデア 172　小学校編』（図書文化社）

- 『ゆびさきの宇宙　福島智・盲ろうを生きて』生井久美子（岩波書店）

- 『家族の勝手でしょ！　写真 274 枚で見る食卓の喜劇』岩村暢子（新潮社）

- キッズペディア　マークの図鑑　監修：児山啓一　（小学館）
（保育園時代に、マークの図鑑を使ってうちわを作成した箇所）

イライラが、どうしても、止まりません。

うるさくてつらいので、

(名前) より

愛の手帳を
　　　　　持っています。
割引をお願いします。

知的障害があります。
知らない人にいきなり
話しかけられると、
不安定になります。
何卒ご了承ください。
　　　　　（保護者より）

お願いですから、
突然話しかけないで
ください。
非常におどろきます。

◆携帯は、いつもマナーモードにする。

◆あずけた携帯は、下校時に返してもらう。

3年5組
（名前）

テレビのお笑い芸人のマネは、

現実では通じません。

モノマネは、しないで下さい。

　これらのイラスト類は、自閉症息子用にと、親が作ったカードです。
実際役に立ったのか？　今となっては、全然わかりません。

あとがき
（2023年のT市の特別支援学級についての補足）

　自閉症息子が学区外の特別支援学級がある中学校を卒業してから、約13年経っているので、T市の特別支援学級も何かしら変化があっただろうと思って、HPで少し調べてみました。

　かなりの変化があって（異次元の特別支援教育）になっていました。まるで時空の歪みを越え、別世界になっているようです。

● 2023年現在、知的障害学級を小学校に3つ、中学校に3つ設置

小学校●●学級…5学級	中学校××学級…3学級
小学校▽▽学級…5学級	中学校☆☆学級…3学級
小学校◆◆学級…3学級	中学校□□学級…4学級

● 2023年現在、自閉症・情緒障害学級を小学校に4つ、中学校に2つ設置

小学校◎◎学級…3学級	中学校＊＊学級…6学級
小学校▲▲学級…5学級	中学校○○学級…5学級
小学校◇◇学級…7学級	
小学校■■学級…4学級	

● 2020年に、市内の全小学校に特別支援教室を設置
● 2021年に、市内の全中学校に特別支援教室を設置
● 難聴指導教室（通級）…1校　　言語障害指導教室（通級）…1校
● 適応教室（不登校）…（木の名前）教室

● 適応指導（日本語指導）…教室名は不明

● 巡回相談あり

※ 参照：T市役所・特別支援教育マネジメントチームのHP

　少子高齢化がどこよりも進んでいるらしい東京都のニュータウンで、なぜこんなに特別支援学級とまた学級数が増加しているのか非常に理解に苦しみます。知的障害と自閉症を分けているのにはとても驚きました。

　特別支援教育にかける予算はあったのでしょうか？（当時余裕がないと言われた）

　また、何か謎のウィルス感染でT市に発達障害の生徒が増加しているのか？　と疑うレベルです。エアロゾル感染で発達障害児が増えているのでしょうか？（冗談です）

　近所の学童保育を眺めれば、行きも帰りも学童保育指導員が生徒の付き添いをしており、至れり尽くせりです。民間経営の障害児、不登校児の放課後デイケアもあちこちにあるらしく車での送迎付きです。

　やっぱり異次元です。「そ、そんな馬鹿な！」と昔と比べると目まいがして鼻血が出そうです。（冗談です）

　ちなみに当時流行っていた「手話付き歌」はまだT市の特別支援学級の合同発表会で続いているのかは不明です。

　結局のところ、知的障害を含む自閉症児の息子を育てるとき

『特別支援教育』という細い糸にすがっていたけど、そんなおいそれと簡単に教育が変わるはずなかったんですね、ということでした。自分勝手に過剰な期待をして、シャカリキになったのは無駄だったのかもしれません。

　2023年7月4日の読売新聞の『教育ルネサンス／特別支援学級 個性に合わせ』の記事があったのですが、読んでいて「こういう教育が当時欲しかった。でもそうなるには20年近くかかったということなんだ」と思うと、キッチンテーブルをバン！と叩きたくなる衝動がでてしまいました。

　新しいことを始めると言っても、実際は時間がかかるんでしょう。何ごともそんなもんだろうと諦念しています。

（令和5年7月12日）

家事をしつつ、自閉症児と親介護を考える①②

発行日　2023 年 9 月 7 日　第 1 刷発行

著者　Kisaragi（きさらぎ）

発行者　田辺修三
発行所　東洋出版株式会社
　　　　〒 112-0014　東京都文京区関口 1-23-6
　　　　電話　03-5261-1004（代）　振替　00110-2-175030
　　　　http://www.toyo-shuppan.com/

印刷・製本　日本ハイコム株式会社